慟哭の冠

The Crown of Sorrow

とろサーモン
久保田かずのぶ
Kazunobu Kubota

KADOKAWA

まえがき

いきなりですが、本文中に「＃なかがき」という項目が出てきます。
本来なら「あとがき」なのですが、読者の方に向けたその都度のメッセージです。
また、恐れ入りますが、もし本文中に刺さるフレーズや心が震える言葉があったら、
スクショでもいいので「＃慟哭《どうこく》の冠」を付けてぜひＳＮＳに上げてください。

＊

あの頃見た空くらい大きいと思ったこの世界は、
今では思うほど大きくなく、
規制コンプラ、スポンサーに縛られて
逆らえば晒《さら》され叩《たた》かれ。
もう開き直ればいいよ。
この芸能世界は小さく。
まるで地球儀で見る日本くらい小さく。
日本から見る住んでる街くらい小さく。

まえがき

住んでる街から見る自分の家くらい小さく。
家で見るＴＶくらい小さく。
画面の中の人間くらい小さく。

あの頃の俺は、　おもしろい人と沢山ＴＶで仕事したくて。
おもしろい漫才をやりたくて。
その為には１つしかなくて。
Ｍ－１。
Ｍ－１グランプリ。
Ｍ－１で優勝できなかったら、　選択肢は２つ。
会社で首吊《つ》って死ぬか、　無免許でダンプ乗って会社に正面衝突するか。
そんな事も考えたりした。

こんにちは東京様。
今日からお世話になります、　とろサーモン久保田と言います。
おてやわらかに。

contents

chapter 01

REAL01〜15

お笑いに勝ち負けはある

REAL / 01

大阪でお笑いを8年やった。
周りは本物しか認めないアウトローの芸人ばかり。
毎日劇場で会う芸人は、今のＴＶを席巻してる奴らばかり。
当時、人気はないが一芸に秀でた狂人達に「お笑いとは」を毎日洗脳され活動してた。
関西の賞レースは沢山いただいた実力派だと断言しておく。
これが、今から始まる久保田という男のメニューに最適な調味料になるのだろう。
お笑いに勝ち負けなんてないって誰かが言うてた。
そんな事ない。
実際、賞レースで上位だった奴がほとんど番組の芯を持って出てるじゃないか。
負けた奴からいなくなる。
まあいい。
最近で言うと俺らは昭和の残党芸人。
軍隊主義の勝つ為に努力！　負けない為に練習世代！　死ぬまで笑かせ。
ひと昔前は、上の者には絶対服従。ギャラは9対1。
吉本芸人で、板の上でボケない者は非国民。

上に逆らうな、生きながら抗えという北朝鮮みたいな文化があったんだ。
最近の行儀の良いみんな仲良しの世代とは違う。
時代も変わり窮屈で息苦しいけど生きてるんだよ。
あの頃よりなんか楽しくてね。
そして色んな人に感謝してる。
俺はあの時から解放されたんや。

REAL / 02

東京に進出した。
東京には嫁とぐったりした犬と俺で寝台特急に乗り向かっている。
見知らぬ土地に向かう2人の顔は恐怖と不安で、
まるで指名手配犯のポスターくらい笑顔がなかった。
嫁は学生時代の同級生である。相方と俺と嫁は同じクラスだった。
いつも3人でいた。
まるで漫画の『タッチ』みたいな関係性かもしれない。
申し訳ない。良いように言いすぎたかもしれない。
漫才師の頂点に立つ。

高級マンションに全身グッチFENDIーヴェルサーチェ
志は高く腰は低く。そうでありたい。
でも東京は分け隔てなく平等に夢をくれるが
時に牙を剥き夢人を嚙《か》み殺してくる。

東京に到着する朝方、車内の日差し避けを上げると、
トンネルで対向車がハイビームで照らすくらいの眩《まぶ》しい太陽の光が
車窓に入ってきたのを未だにおぼえてる。
東京人生のスタートの一歩目。
できすぎてる情景に我ながら惚《ほ》れ惚《ぼ》れした。
嫁は爆睡。
ぐったりした犬が伏せをしてる状態で俺の足に顔をのせ上目遣いで見ている。
大阪に戻れというメッセージを飼い主に送ってるなんて知るよしもなかった。

REAL / 03

はじめに住んだのは都心ではなく西東京の田無という場所。
地元で言うと、聞いた事あるけど遠すぎて行ってないところ。

お笑いに勝ち負けはある

先輩や後輩や同期が住んでる近くに住めば良かったのだが、
馴《な》れ合いやグループでお笑いをしたくなかった。
もうそんなのは大阪で散々見てきて反吐が出そうだった。
いい歳こいた男がやれ先輩と旅行に行きましたとか
仲が良いから番組出られましてんとか。
先輩に女の子紹介して可愛がられてますとか。
一般社会で言うと、太鼓持ちだけの結果も出してない
サラリーマンが気付いたら社長の横おるやんみたいな状況。
そんな人が何を世論語ってくれてるんだといつも思ってた。
こんな大人は将来、自分の子供達にどうやって出世して労働して
対価をもらってご飯を食べさせられてるんだよって説明するのだろうか？
俺は汗をかき漫才して高額な金をもらい
大笑いさせる父親でありたいとクズの人間ながら少し思ってた。
いやおもろければそれでいいて。
新宿から数えると17個目の駅が田無。
1時間ぐらい電車に揺られる。
毎日毎日、まるでお歳暮のタオルくらい詰め詰めで身動きできない状態だった。

何より嫌なのはなんとも言えない人間の異臭。
まるでトラックで競り市に運ばれる豚みたいだった。
唯一嬉《うれ》しく思えるのは駅から出て少し歩くと
東京とは思えないくらい何もなく、
田んぼがちらほらあることだった。
冬の朝には薄い霧がかかるのだが
ボロボロの原付で走ってると何処からかい草の匂いがして
おばあちゃん子の俺にはたまらなく落ち着いて。
子供の頃の帰り道、高くて買えないガラスケースの中のおもちゃを
毎回立ち止まって見るくらい、
原付のエンジンを切りボーッと景色を眺め深呼吸して。
早く売れてえな。
Ｍ－１優勝してえな。

REAL / 04

引っ越した時は片付けができず、
殴り書きされた、割れ物とか服、食器、

そんな段ボール箱に囲まれながら生活していた。
嫁は何かにつけてはｉＰｈｏｎｅで
Ｇ－ＤＲＡＧＯＮの『ピタカゲ（ＣＲＯＯＫＥＤ）』を聴いて
鼻歌を唄ってた記憶がある。
環境の変化はここまで人の幸福度指数を上げるのか。
何よりこの部屋は南向きの窓がたまらなく良かった。

環境も変わり時間もでき嫁と一緒にいる時間も増えた。
天気の良い時は公園にグローブを２つとボールを持って行った。
忘れていた２人の関係性を取り戻しつつあった。
大阪でアクセクしすぎて生きた事よりも
こうして誰にも気を遣わず自然にいられる事が何より幸せだった。
仕事から家に帰るといつも
たいそうな料理ではないが十分に食べられる
愛情たっぷりの手料理が皿にのりラップが被せてあった。
まるで新婚の時に戻ったような毎日だったのかもしれない。

chapter 01

天気が良い休日の昼間には、
家の前のスペースにある木材の長椅子に座り、
陽だまりで行き詰まった頭を掻《か》き毟《むし》り、
ネタ帳に落書きをしながら日向ぼっこをしてる俺みたいなもんに
マンションに住んでる子供が近寄って来てくれたので遊んであげたりした。
野球ボールが２階の部屋のベランダに入り無邪気に子供が大笑いしていた。
この丁度いい生活が幸せだった。
一階のベランダの手すりに肘をかけ微笑ましくこちらを見る嫁は、
言い出せないが本当は子供が欲しかったのかもしれない。

こんな日が毎日続けば良いと思っていた。
幸せが毎日続くなんてガキみたいな考えが
もっとも地獄への近回りだという事に気づかないといけなかったのだ。
自分に甘すぎる奴はいずれ辛すぎる仕打ちが待ってる。
雨が降り続けば晴れもあるように。
夢を叶《かな》える者もいれば、夢が人を飲み込み、
「人」の横に「夢」と書き「儚《はかな》」い人生で終わる者もいる。

REAL / 05

この街に芸人なんて住んでないと聞いていた。
だが家から5分歩いたルイーダという酒場の店主が
腰に巻いたエプロンでグラスを洗い終えた手を拭きながら
そう言えばこの辺に「キャプテン★ザコ」という
モヒカンで革ジャンを着てる芸人が住んでいると教えてくれた。
連絡を取り合うと次の日に現れた。
ロールプレイングゲームなら、旅が始まり酒場の情報で外に出て
レベル１で初めて会うモンスターがモヒカンの革ジャン男。
久保田は芸歴と威厳を振りかざしキャプテン★ザコを仲間にした。
気づけば久保田は「パワハラ」という魔法を覚えていた。

俺と似て言葉は悪い奴だが出で立ちの割にお母さんぐらい優しい心の持ち主で
週末になるとハーレーに乗りわざわざコンビニバイトの残りのおでんを
家に持ってきてくれた。
ほぼ１００パーの確率で冷えてて一度も温かいと思う事はなかったが、

REAL / 06

こいつの優しさという温もりで十分に口に運べた。
ぐったりした犬はひと口食べて
スプーン一杯くらいの小ゲロを吐いていた。
犬より免疫の強い自分が怖くて仕方なかった。
嫁に食べるか？と聞くと歯を食いしばり目を見開き
両手を後ろで縛られ袋を被せられた人質くらい首を横に振っていた。
今考えるとそりゃあそうだよ。
嫁からすると、一度も会った事ない革ジャンモヒカン男が玄関のピンポン押してきて
ドア開ければおでん持って仁王立ちしてるのだから。
そんなキャプテン★ザコの口癖はいつも
「兄貴、おもんない奴はぶち殺してやりましょうよ」

あいつも、あいつなりに、
お互い唯一同じである「不遇の境遇」を俺と照らし合わせ
心を落ち着かせてたのかもしれない。

お笑いに勝ち負けはある

東京の生活が始まり最初は順調だったのだが、
2年が経つ頃には仕事は増えるどころか徐々に減る一方。
そりゃあ当たり前である。
TVも出てない。まして東京では知名度もない。
武器も持たず森に行けばモンスターに喰《く》われる。
自然の摂理だ。
大阪にいる頃の方がまだましだったという言葉が
嫁との間でちょいちょい出るようになっていった。
なんせ家賃は大阪の倍。物価も高い。
嫁が寝たタイミングでいつも俺はベランダでビールを飲みながら、
この街で死んで星になるのか。星を摑《つか》みスターになるのか。
この答えの見えない二択で頭打ちだった。
吸い終えたタバコを少し残ったビールの缶に入れる。
ジリジリと火が消える音。
生き急ぐ人間ほど時間の流れは速い。
身体中がウイルスに蝕《むしば》まれるくらいのスピードで
想定したよりも早く貧乏神が俺達を飲み込もうとしてるのがわかった。

金はいつも防波堤に釣りに来てる老人ぐらいの手持ちしかなかった。
その頃からとうとう嫁はバイトを始めた。
金は無くとも楽しかった日もあったがそれが続くわけもなく。
貧乏神は友達のふりをして近づいてくる。
嫁には未だに申し訳ないと思っている。
さぞかし辛かったろうに、俺みたいな者の夢に付き合い
知らない土地に来て働いて働いて。
でも嫁は育ちの良さなのか笑顔を絶やす事なく
行ってきますと言いながら玄関を出て徒歩10分のところにある
バイト先のコンビニに向かっていく。
嫁が耳につけるイヤホンからG－DRAGONが聞こえる。
彼女のパワーソングなのか。
嫁が仕事に向かう背中を見る度に何も力になれぬ
雄としての敗北感と無力感をひしひしと感じ続けた。
俺がバイトすれば良いのだが、そんな時間があるなら
いいネタを作り一発逆転なんて思ってた。情け無い。

今思えば仕事のない俺への最大の配慮と優しさだったのかもしれない。
松任谷由実さんみたいに言うと
優しさに包まれたなら、きっと、目にうつる全ての事は
神様からのメッセージ。大人になっても奇跡は起こるから
頑張りなさいという事なのかもしれない。
歌詞を自分に言い聞かせたりもした。
いや、言い聞かせる理由を作り現実から逃げてたのかもしれない。
そういう人としての悪い癖が自分の精神を蝕んで
愚か者になっていく事に気づいていなかった。
初期には症状が表れない（自覚できない）まま進行していき、
気づいたときは後の祭り、最後は致命的な終わりを迎える。
サイレントキラー芸人かもな。

REAL / 07

月に10回くらいルミネtheよしもとでの舞台があった。
「生活はどうしてるんですか?」とよく聞かれる。
「お前馬鹿なんか？　引き算って知ってる?」と言われるかもしれないが、

chapter 01

毎月給料16万で家賃14万だった。
わずかな嫁の給料と大阪を出る時に少しだけもらった餞別《せんべつ》と
ぐったりした犬の笑顔で首の皮一枚を繫《つな》いで凌《しの》いだ。

そんな嫁も月に一度だけ楽しみがあった。
嫁は毎日10円や多い時には100円を入れたなけなしの
ピンクの豚の貯金箱をひっくり返し5千円だけ握りしめて
パチンコ屋の「出玉祭り」というイベントに朝から並ぶ恒例行事があった。
この日だけは嫁も上機嫌で
子供の運動会で8ミリビデオを回す親ぐらいニコニコしてた。
勝つしかないのだ。
何故なら唯一のストレス発散と生活費の一発逆転でしかないからだ。
しかし神は残酷で、オープン前に1時間並んで入店して40分で負け。
MAX台という大当たりしたら10万ぐらい出るような大台を打つ。
軍資金5千円ずつで玉を何発も発射するがすぐに無くなる。
勝てるわけがない。竹槍《たけやり》で戦車に挑んでるみたいだった。
いや爪楊枝《つまようじ》で戦車に挑んでたのか。

お笑いに勝ち負けはある

帰り道、脳内にパチ屋の爆音が流れる。
汚れた手を洗いもせず目をバギバギにして一言も喋《しゃべ》らず家に帰る。
これについて話す事はＮＧという暗黙の了解があった。
まるで、金の為に、山で人を埋めて帰る殺し屋のようだった。

このぐらいの時期からもうストレスなのかわからないが
嫁はリビングにどかっと座って立膝をついて、
ポパイぐらい口にセブンスターのタバコをくわえて
もくもく煙を出していたような気がする。
勇気を出して嫁に相談した。
「今度、靴に磁石つけてパチンコ行こう。落ちてる玉が靴につくから少しは遊べるよ」
嫁は口一杯に溜《た》めたタバコの煙を顔に吹きかけ
「それやったら人間終わりだよ」
目が覚めた。何より嫁の金だった。
俺は生粋のクズだ。

そして、苛立ちをキャプテン★ザコにＬＩＮＥで呟《つぶや》く。

「おい！　またあの店で負けたよ糞《くそ》が！」

あいつも暇だからすぐ返信がくる。

「兄貴、ぶち殺してやりましょうよ」

少し考えてみた。金がない人間ほどギャンブルをするんだ。

金があってギャンブルをする者は日常がつまらんのだろう。


寝て起きて昨日の苛立ちを改めてキャプテン★ザコにＬＩＮＥで呟く。

「おい！　またあの店で負けたよ糞が！」

あいつも暇だからすぐ返信がくる。

「兄貴、ぶち殺してやりましょうよ」

何も返しようがないから変な絵文字を送って終了。

そんな奴らにも、
神様は平等に暖かな春を迎えさせようとしていた。

REAL / 08

来る日も来る日も暇。会社からは何の仕事もない。

毎日、犬よりあくびして、会社の犬にもなれない犬以下の存在。

お笑いに勝ち負けはある

仕事なんて待っていても来ないんだとこの頃から思い始めていた。
人生は死ぬまで二択。
歩くか歩かないか。進むか進まないか。
おもろいかおもんないか。生きるか死ぬか。
動かないと景色は変わらない。
もともと、見た目がシュッとして華があるわけでもない。
人気者でもない。
俺みたいな泥へドロは生まれつき顔が良いわけでもなく
性格にも癖しかない。
考える事といえば全てネタと極論とネガティブ。
人は綺麗《きれい》な花に目を留めるが、
泥に咲く花にはあまり興味がないわけで。
みんな本当は自分だけの花を咲かせたいのに、
不安だから、人に何て言われるか怖いから、
諦めて誰も嫌な思いをしないみんなが綺麗と言う花を見る。
それを真似たり、それに向かって生きたりしようとする。
俺は他人の花なんて興味ないし、

人のサイズに収まる植木鉢の花なんて1ミリも関心はない。
だったら見た事ないくらい気持ち悪い
世界にひとつだけの花を咲かせれば良いと思っていた。
でも、俺みたいな奴のこんな言葉は、
結果の出ていない人間の戯言に過ぎないのかもしれないなんて
ネガティブに思い下を向いた。
そんな奴は当たり前のように毎日休みばかりだった。

いつも思ってた。
休みや休憩なんて死んでからあの世で十分できるのに
どうして神は人間として俺を地上に降ろしたのに労働を与えないのか。
金は物凄い勢いでなくなる。
増えるのはノートに書き殴るネタ。
でも気づいたのだ、もう本当に自ら動くしかない。
これまでの環境がそういう事を教えてくれたのかもしれない。
大金持ちは動かずして口座残高が増えていく。
貧乏は働いても働いても金が減る。

お笑いに勝ち負けはある

貧乏の唯一の良いところは泥棒が家に入ってこない、それだけ。
よし決めた。
東京で初めて単独ライブをやる事にした。
休みの間に作ったネタが山ほどあるし、結構な金にも期待していた。
そしていつ開催されるかわからない漫才の賞レースの為に。

ふらっと寄り道した本屋でこんな文章を見つけた。

〝足が二本あるのは動く為すなわち前に進む為
両手が二本あるのは倒れた時に起き上がる為
目が後ろに無いのは前を見る為
靴を履くのは人生というとてつもない茨の道を
怪我しないよう歩く為〟

とんでもないパワーワードが
久保田のメンタルに息を吹き込んだ。
大阪の頃ならいつもサンデーやジャンプなどを読んでいたが、

暇つぶしで行く東京の本屋では
思想本や名言集を手にする事がほとんど。
自分を奮い立たせたかった。
暗黒の生活に少しでもスポットライトを当てたかった。

REAL / 09

ルミネｔｈｅよしもとには大阪から世話になっていた
狂人と言われる先輩が漫才をしに来ていた。

「久保田元気にしてんのか？　飯食えてるのか？」

「食べれてないですわ。糞ですわ、この街。真剣に強盗とかしてみようかと思ってますわ」

「やめとけ」

「生きてるだけで大損ですわ。生きてるだけで丸儲《まるもう》けって富裕層の戯言でしょう？」

「やめとけ」

「来世は鳥がいいですわ。こんなにも早く地獄って見られるんですね。東で狂うで東狂ですわ。

もういいかげんにしてほしいですわ……」

「もうええわ！笑」

仕事もないし、バイトもしてないし体力もあるし、日頃から喋る相手もいないから、

お笑いに勝ち負けはある

競馬のメインレースの実況くらい早口で捲《まく》し立てて喋った。
汚い服着て、どん底に落ちた人間のリアルネガティブ漫談を繰り広げる。
みんなが笑う。ネタよりもウケる。大阪の時よりおもろいって言う人もいた。
俺は気づいたのかもしれない。そうだ！　俺が傷つけば笑いになるのか。
自虐ネタ。クズ人間という駄目な奴が見事に
人が経験しない失敗談を頭抱えながら喋るさま。
何か、ピカッと知恵が出たような気がした。

その日も先輩に昼飯に連れて行ってもらった。
また人の世話になっている。
早く売れないと早く売れないと。
Ｍ－１の為には面白い事をひたすらに。
駆け足で急いでいるのだが世間がついてこない。
実際は、世間がついてこないのではなく
世間が見てるグラウンドにも入れていない。
東京で単独ライブをしようと劇場の方に相談したのだが
「今の知名度では無理」だと。

ゼロからの出発。
お客さんはチケットを購入すれば見られる。
俺は芸人なのに自分の単独ライブをするチケットさえ手に入らない。
悲しすぎた。大阪でやってきた事ってなんだろう。
自分に残酷な判決を下した。
大阪は草野球とするなら東京は大リーグ。
戦力外通告を受けた傾き者で芸風お下劣の俺みたいな選手は
東京でレギュラーになる為の練習場さえない。
自分で見つけた河川敷の砂利まみれの荒いグラウンドに行くしかない。
東京での単独ライブが綺麗な白球とするならば
今の俺はその白球を見る事も触る事もできない。
俺の手元には人が使い古した汚れたボールだけ。
それさえも受け入れ、1人ピッチャーマウンドから
息を吐くように毎日ボールを投げ続けて、
いつか呼ばれる本番に向けて試行錯誤しているつもりだった。
不思議だな、一向に誰も目を向けてくれない。
でも後で気づいたんだ。俺、汚いボールやなくて、

お笑いに勝ち負けはある

真っ黒でカチカチのウンコをずっと投げてたんだ。

諦めてその場で足を止める事はとても嫌だった。
でも会社は動いてくれないからライブをやらせてくれる劇場を
血眼になり自分で探し続けた。

この芸歴でタイトルも持ってるのに
こんな事をやってる芸人は俺だけだろ。

右も左もわからん見ず知らずの土地で
やっとこさ見つけたのは六本木の小さな小屋。
いや小屋というか、田舎の公民館くらいのステージが付いてて
１００人が入ればパンパンになる、お笑いには不向きなメイドカフェだった。

大阪ではＮＧＫだったのに、
東京に来たらメイドカフェで単独ライブするんやと思った。

単独ライブ7日前の出来事だった。
小屋の支配人の方から連絡があった。
第一声は「20枚しか売れてないんすけど……」

俺は聞き直した。「20枚？　20枚？」

支配人「はい」

また聞き直した。「20枚？」

支配人「残念です」

あまりの衝撃に3回も聞き直した。

例えばこのやり取りと似ているくだりがあるならば以下だ。

「死んだん？　死んだん？」

「はい」

「え、死んだん？」

「残念です」

これ以外のたとえは見つからない。

REAL / 10

単独ライブの開催すら危ぶまれる。
これでは無理だと思い、雨の日も風の日も路上でチケットを売った。
自分を奮い立たせる為に、1日で1枚も売れなかったら、
5分呼吸を止めないといけないという、

お笑いに勝ち負けはある

よくわからない生きるか死ぬかの枷《かせ》をつけた。
六本木の交差点。昼も夜もこの街は本当に凄い。
見事に毎日、人が行き交いすれ違う。
そして人が毎日違う。何人いるんだこの街は。
東京の汚ねえ排気ガスを吸いながら、
お化け狐《きつね》みたいな冷酷な目をした人間は声をかけても無視。
酷い奴は、そんなの誰が行くの？とか馬鹿にしたりもした。
知らない東京で、片手にチケット持って頭を下げて
「お願いします買ってください」
信号で止まった車の中からこちらを見ている人間に
チケットを見せてジェスチャーでお願いします。
もう花を売るストリートチルドレンと同じだった。
でも時に、心温かい胸の谷間の見えるキャバ嬢が
高濃度の香水の匂いを振り撒《ま》き、笑顔で
「お笑い好きやから見に行く」と言って買ってくれたりもした。
売れっ子の芸人が目の前を通ったりもした。
挨拶はしたが、そいつは無視を決め込んで通りすぎた。

俺は思った。生まれつき男前で人気があればって。
でも、そんな芸人は沢山見てきた。
会社が押し出す若くて売れっ子の看板付き芸人は、
まるで血統書付きの高級な芸のない室内犬みたいだ。
いつでも餌がある環境で守られているから
劣悪な環境の野良犬の気持ちなんてわかりもしないだろう。
明日保健所に行くかも知らん痩せ細る野良犬は
道端に落ちてる餌でも口にして感謝する。
だから、俺らにとっては餌となるライブチケットを買ってくれた方に
体の全細胞から感謝よ伝われと思い何回も何回も頭を下げている。
下げ続けている。何もせずに人が集まる人気者ではないのだから。

奔走した甲斐《かい》あってチケットも売れ見込みが立ったので、
ネタを仕込み当日を迎えた。
本番当日、仲の良かった社員の本田くんが
新宿から六本木まで漫才のサンパチマイクを電車で持ってきてくれた。
自分が一番悩んでいる時に、一番理解して応援してくれる人は本物しかいない。

単独ライブ当日は雲一つない晴天で、天の神様のご褒美があると捉えた。
6本ぐらいの新ネタ。作り込んだ時間は何百時間だろうか。
気が遠くなるくらいだ。
ネタづくりや打ち合わせはお金が発生するわけではない。
この積み重ねの繰り返し繰り返し繰り返し。
人を笑かしたい。M－1で優勝したい。それだけ。
14時にライブはスタートした。
幕が開き「はいどーもよろしくお願いします！」
え……。

REAL／11

客は13人だった。減ってる。
ん？　少なく見積もっても70人は来るって言うてたよな。
ん？　路上で何十枚も捌《さば》いたよな。
あの時のキャバ嬢は？
親切で心温かい胸の谷間が見えるキャバ嬢は？
一瞬にして脳内が温柔敦厚《とんこう》な言葉を劣悪で暴力的な言葉に変換する。

デブ尻の割れ目くらい汚いあの糞キャバ嬢は？
来る予定の者が金を払っているのに足を運んでいない……。
見てくれるんじゃねえのかよ。
そもそも、チケット買って来ないってなんなんだよ。

もう、２本目のネタからはほぼ惰性と声の大きさだけでやった。
漫才中も早く終わらないかなとか、もう死んだも同然だよとか、
ネタ中もふわふわと地に足がつかずだった。
ウケた時は少し浮かばれたりもしたが、
客席を見ると「動いた時間の割に合わない」が勝ち、
後半になると目の前の客の笑顔を見ても浮かばれなくなり沈んだ。
好きな事してるのに満たされない。
むしろ息苦しく溺れながら丸太に摑まり陸に流れ着くのを待つみたいだった。
しかし、唯一ぐうの音も出ないのは、
この頃から現在も劇場に足を運んでくれる古参の方もいらっしゃること。
取り巻き（ファン）には感謝しかない。
後にそんな事もわかり、何故早くそれに気づけなかったのだろうと自分に腹が立つ。

いかに己は愚かで馬鹿な人間なんだと下を向き頭を掻き毟った日もある。

REAL／12

単独ライブが終わった。
楽屋に戻り、先人達が座ってきたであろう年季の入ったソファーに倒れ込んだ。
ようやく陸に辿《たど》りつけたのだろうか。二度と起き上がりたくなかった。
倒れても両手で地面を強く押して上を向き前に前に。
あの言葉を思い出す。つらいな。
これでも大阪では少しは知名度がある人間だ。
でも大阪で勝ち得た知名度なんて東京では通用しない。
全部リセット。
金もネームもタイトルも全部ゼロからなんです。
何もないんです。消えるんです。
借金がゼロになるのではなく、積み立てた貯金がゼロになる逆自己破産。
芸人なんて過去の成果だけで未来なんて生きていけないし
死ぬまで何かを生み出さないといけない。
指の骨が折れるくらい悔しさを握りつぶした。

ライブに来た客のアンケートを読んだ。
でも、ライブの感想やネタがどうのこうのよりも
今からの人生とか嫁の事とかこの仕事に向いてるのかとか
不安で押し潰されそうだった。
俺が思っていた夢の国、花の都大東京ではなかった。
まるで、ディズニーランドが目の前で爆発したみたいな感じだ。
自分で選んだ小屋なのに、もう早く外に出たかった。
うんざりだった。
劇場から出ると嘘《うそ》つきの大空がまだ晴れてやがったから
苛ついて天に唾を吐いた。
ちゃんと顔にかかるもんだな。本当しょうがねえ。
空を見上げた後にため息ついて、心の中で聞いてみた。
神様？　貴様は何様なのだと。
もう、何も信じないからな。
ここまでしても報われないいんだから馬鹿が。

REAL / 13

打ち上げする金なんてない。
見に来てたキャプテン★ザコと歩いて家路につく。
途中、ローソンでからあげクンを1つ買って山分け。
すぐにぶっ飛べるスーパーアルコール
ストロングゼロを一気に飲み干し、がんぎまり。
「なあザコ、なんで金払ってんのに見に来ないいんだよ。どうかしてんのか？」
と質問してみた。
ザコ「意味わかんないですよね」
久保田「腹立つわ」
ザコ「兄貴、ぶち殺してやりましょうよ」
というアンサーだった。

この文を書きながらふと、冷静に考えてみた。
いい大人があまりぶち殺すって言わないよなと。
あいつもギリギリで生きていたんだろうな。今になってわかる。

ザコ「兄貴、あれ」

指を差すザコ。

六本木交差点の向こう側のお菓子屋の前に見た事ある人間が。

チケットを買ってくれたあのキャバ嬢だ。

見るからに金持ちで綺麗なスーツを着た男の腕に手を回し歩いていた。

食事に行きその後、お店に同伴だろうな。

あのチケットもこの金持ちから出てる金かよ。

所詮芸人なんてこんな身分かよ。ライブに来てくれもしない。

ただ道端で出会った、貧乏な夢追い人間に同情しただけ。

ギターケースに投げ銭待ちのストリートミュージシャンか。

でも、俺はそんな運命なんだよな。このタイミングで一番会いたくない奴に会う。

何で俺だけこんな……なんやねん……馬鹿にしやがって。

糞キャバ嬢の店に大量の人糞をでかいホースで噴射してやりたい気分だ。

でも本当に悪いのは、結局、そんな事しか思えない俺か。

憎みながらどこか憎みきれないのは、自分の力量の無さからだろうと

僅かばかりの純粋な正論が空から聞こえたかもしれない。

REAL / 14

酒も飲み終えひたすら歩く歩く歩く。六本木から田無方面。
初めての単独ライブ終わりなのに、
まるで、ヒッチハイクに失敗したバックパッカーみたいに
うつろな目で冴《さ》えない顔して夢と希望を詰め込んだリュックを背負って歩いてた。
久保田「今日、お笑いやれてない感じするんだよな」
ザコ「そんな事ないですよ」
久保田「……」
ザコ「うちの家で大喜利やって生配信しましょう！」
久保田「……」
ザコ「行きましょう」
試合で実力も出せない奴の居残り練習みたいなものなのか。
でも、そんなさりげない一言が嬉しかった。

彼の家に行くのは、初めてだった。
転校生の家に初めて遊びに行く感覚。

思ったよりボロボロの小さなマンションに住んでいた。
力士３人くらいが本気出せば倒れるんちゃうかなと思うくらい
経年劣化のひどい昭和中期からありそうな低層公営住宅。
部屋に上がり襖《ふすま》で仕切られた小さなリビングに案内された。
ＹｏｕＴｕｂｅで生配信をしながら大喜利をした。
視聴者は６人。１時間経ったら４人。最後はもう０人だった。
０人の前でおっさん２人が１時間大喜利をした。
生配信ではなく収録していると思い込んだ。
でも、そんな事はどうでもよくて。
上手く笑えてる自分がなんか気持ちよくて。
むしろさっきの単独の客数見て免疫がついたのかな。
大木に摑まり流れ着いた砂浜で
お題を出し合って木の枝で砂浜に文字を書き、
ヘラヘラ笑ってる感じが心地よかった。

REAL / 15

しかし、そんな事よりなんかこの部屋に違和感があった。

先程から何故かずっと6畳間の襖の向こうが気になって仕方なかった。
単独ライブやって大喜利生配信。さすがに疲れる。
楽しかったプールの後の授業くらい疲れて眠くなってきたので、
大喜利配信もいったん休んだ。
ザコはおもむろに立ち上がりトイレに行った。
その時だった。俺に臨戦態勢に入った狂犬ぐらい目を見開き、
「兄貴、絶対にこの襖を開けないでくださいね。ぶち殺しますからね」
と言って消えていった。
先輩に対しての口の利き方とかより先に色々想像してしまった。
こいつ、飯が食えなくて、大麻の栽培とか、
してはいけない事をしてる部屋なんちゃうか、とか。
怖くなってきたが、なにかそれ以上の刺激に足を踏み込もうとしていた。
俺の中の悪魔と天使が騒ぎだす。
開けろー開けるな。開けろー開けるな。
人として、してはいけない事なんて貧富を問わず絶対なのだ。
俺はそんな愚かな人間ではないぞザコ！と心の中で呟いた。
そしてちゃんと、老舗旅館の女将くらい丁寧にゆっくり襖を開けた。

暗い部屋に、自分のいる部屋のかすかな電気の細い光が
襖を開ける幅だけゆっくり入っていく。黒影は徐々に正体を映し出す。

次第に光の面積は大きくなり、そこにある正体を照らした。

ん？　人が倒れてる？

肌色の人の足が見えた……。

嘘だろ嘘だろ。警察に連絡しようと思った。

大きい女が倒れている。

いや、え？　え？　死んでる？

手の震えが止まらず襖を閉めた。

後ろに人の気配を感じた。振り返れば奴がいた。

ザコ「開けましたね。開けるなって言ったでしょう」

久保田「すまんすまん。すいませんでした。でも誰やねんその女。死んでるやんけ。そして
お前は誰やねん」

ザコとは芸名であるがこいつの本名なんて一度も聞いていなかった。

ザコは人の笑い方を覚えたオウムみたく息継ぎもせず笑い出した。

「笑笑笑笑。そうです！　俺の嫁です」

けたたましい声で喋り笑うその姿は、サスペンスでよくある

「そうだよ、俺が殺《や》ったんだよ。悪いか？　ヒヤアヒヤアヒヤア」

という笑い方に似ていた。

詳しく話を聞くと、どうやら結婚して子供もいるみたいだった。

#なかがき

後悔して1日が終わる人間もいれば毎日が終わってる人間もいるんだ。
試されてるそんな日々の繰り返し、いつか言えるのだろうか生きててよかったって。
大丈夫だよ。全世界の人間が平等に
真っ暗な夜から眩しすぎる希望という朝を手に入れているのだから。
彼の家を出たのが深夜3時くらいだったかな。
歩きながら考える。
ザコには奥さんがいた。
俺と同じだ。
じゃあ幸せにしてやらんとな。
俺もお前も思ってんだよ。思ってんだよな。思ってんだけど……。
帰り道、電信柱の灯りを通りすぎた時に犬の鳴き声がした。
こぼれ落ちそうだったので、目を大きく開けて帰路。

頬を伝う涙は、悔しくてとかじゃない。
何もできてなくて。何も無くて。何かに勝てるものがなくて。
何をしたらよいのかわからなくて。
前に進めない無力の渋滞。わき道に出てリタイア宣言か。

Welcome to hell Tokyo

chapter
02

REAL16〜35

chapter 02

REAL / 16

東京に来て3年目を迎えようとしていた。
もう、ずっと魔界を裸足で歩いてる感覚。
33歳の冬だった。関東は大雪に見舞われていた。
寝室の小窓から外を眺めると、これでもかというくらいしんしんと降り続ける雪。
いずれまた春が訪れ雪解けし、土から芽を出し花が咲くのか。
自分の生き方もそうであれと思い、見た事ない東京の雪景色を
冷えきった狭い部屋に服役して白い吐息を出しながら見ていた。
独房3年目みたいな記憶がある。

昼過ぎに雪は止んだ。あー良かったなと言いながらコーヒーを飲んでる。
家の前の車道に積もる雪を必死にスコップで端に退けて
少しでも通りやすくしてくれてる人が見えた。
70代くらいのチビ婆さんと細爺《じい》さんの老夫婦だった。
それを見て見ぬふりをして歩く人もいた。
我慢ならず外に出て数時間手伝った。

少し穴の空いた汚れたオールスターの靴から水が染みて足の指の感覚はなかった。
でも、笑顔で「助かるわねえ」と言っていただきほっこりした。
この夫婦は自分のマンションの向かいの豪邸に住む方だった。
ふと、思った。
どうして裕福な者は心に余裕があるのだろうか？
全て金とは言わないが生きる為には必要だ。
経済的に安定していれば、追い詰められる事もそうないだろう。
それが心の余裕になるんだろうか？
貧困国や貧乏は争いを生み人を傷つけ命を奪う。
金は命より重いのだろうか？
いや貧乏でも人としての器量という受け皿が金持ちよりあるのならば
苦労さえもその人にとっては皿の上に載るデザートでしかないのだろうか？

答えの出ない哲学みたいな話を、自宅でキャプテン★ザコに喋りながら
二杯目のコーヒーに砂糖を入れた午後2時。
滅多に鳴らないＬＩＮＥが鳴る。マネージャーからだった。
休止していたＭ－１が復活するみたいだ。

博士が作ったロボットが動き出す時のガシャーンという音が胸に鳴り響いた。
その話を嫁にしたら久しぶりに微笑んでくれたんだ。
口から溜め込んだ沢山の副流煙を吐き出しながら。

REAL / 17

嫁が東京のＴＶを見ながら言うてた。
「なんでこんなにチャンネルがあるんやろ。私達の街は電波の制限とかあったのかな」
嘘みたいだが、地元の宮崎はＴＶのチャンネルが２つしかない。
幼少期はそれに出演している人達が芸能界の主要メンバーなんだと本気で思っていた。
信じがたい話だが、ＳＭＡＰを初めて見たのが中学くらいで、
高校の頃は、ＳＭＡＰ最近見ないけどどうしたんやろ？
消えたんやなー可哀想やなとか言ってた。
情報源のＴＶがチャンネル２つで深夜１時になると砂嵐で映らない。

大阪に住んだ時もカルチャーショックだった。
待てよこんなにチャンネルがあるのか？
小、中、高の時に見た事ない芸能人が占拠している。

え？　ＳＭＡＰが映ってる！　干されたんじゃないの？
え？　この人誰？　芸能人を毒で斬り、
指し棒でパネルのタレントを叩きながら
流暢《りゅうちょう》に喋るこのおじさんは？（やしきたかじんさん）
ダウンタウンさんを本格的に知ったのも大阪に行ってからである。
今では考えられないくらい毎日ＴＶを見た。
東京は大阪以上にチャンネルがある。
嫁はソファーに腰掛けタバコを吸いながら番組を見ていた。

REAL／18

Ｍ－１開催は嬉しかった。
しかし、月日が経つと共に借金は雪だるま式に増えて溜まっていくのだ。
生活もギリギリ。
嫁「ねえ？　ここに置いてたカップラーメン知らん？」
久保田「知らんよ」
嫁「食べようと思ってたのに」
久保田「人のせいにするなよ」

俺は芸人から泥棒に成り下がった。

嫁「どうせあんたやろ」

キッチンから鬼の形相でタバコをくわえてこちらを見つめ、口から、暴走族のマフラーくらい煙を吐き出している。

そんな日もあれば、ＴＶに出ているタレントを見て嫁が
「最近、売れ出したねこの人。同期やろ？」
久保田「いやでもこいつ、覚醒剤やってるらしいよ」
嫁「まじで。ヤバあ！」
俺は時に嫉妬に狂い大嘘をついて仲間を犯罪者にしたりした。
久保田「リモコン貸して」
同期の頑張りなんて見たくもなく、チャンネルを変えたかった。
嫁「はい」
久保田「これタバコやんけ」
嫁「……」
急にボケてきて、ツッコんだのに笑いもしないってなんやねんと思った。

なるべく家には笑いがあれば良いと思っていた。
貧しいからせめて笑顔だけは。
久保田「なあ、俺が女の人の声帯になる事できへんかな？」
嫁「なんで？」
久保田「女の真似したらテレクラで稼げそうじゃない」
嫁「……もう、頭の病院行ったら……」
久保田「行こかな、飯は出るしな！」
嫁「そんな事より、実家から届いて、ここに置いてたカステラ食った？」
久保田「……あ、え？　知らん……」
嫁「お前なるべく早く死ねよ」
嫁は、ラスト一本を吸い終えたマルボロのソフトパックの袋をくしゃくしゃにしてブチ切れていた。

REAL / 19

闇黒の世界。東京、東狂、頭狂……。
夢が俺達を噛み殺そうとしていた。
仕事もないし下を向く事ばかりで一段と猫背になり自信もなくし、

外に出て芸人に会えば作り笑顔で振る舞うピエロの日々。
心に空いてる穴が1ミリも埋まらない。
東京に何をしに来たのかというより
何をしているのかわからない状態だった。

書き殴るネタ帳の文字。死んでいく言葉達は何万。
ヒット作が出ない。ネタの役さえうまくできない。
コンビでやる以上、俺が終われば相方も終わりという重圧。
守るべき嫁、という少しだけ残っている倫理感。課せられる宿命。
TVをつければ自分より面白くない人間が沢山出ている。
正義ヅラして舌足らずなコメントをして好感度を押しつけるスタイル。
可もなく不可もなく生きる平凡な人生に興味はなく
毎日笑えるパーティーを夢見ていたのに。
保守的でTVをつまらなくさせる同業者は皆、消えればいいんだよ。

気づけば人を妬み恨む事で、エネルギーに変えていっていた。
それさえしなかったら病んで辞めていただろう。

日を増すごとに、俺は手のつけられない
悲しきモンスターになっていたのかもしれない。

＃ながき

何年も履き替えていない穴の空いたオールスターのかかとを踏んで、
今から俺はどこに行くのだろうか。
もう無差別にビルとか爆破して有名人なったろかな。

REAL / 20

このままくだらない人生をだらだら生きてたら
本当に駄目になりそうだったので、
電話帳にある東京在住の知り合いや芸人、関係者と
なるべく連絡を取り合うようにした。
所詮人間なんて1人で生きていけないと気づいたから。
大阪から東京まで嫁と犬とで歩いて来たと同情を誘い、
嫁は缶に入った飴《あめ》ちゃんを舐《な》めて生活していると言いながら
頭を稲穂のように垂れて沢山人脈を作った。

労働を増やしてお金を集めお腹のすいた嫁と犬に
炊きたての白米を食べさせてあげたかった。それだけだった。
まるで「火垂《ほた》るの墓」みたいな生き方にいろんな人が声をかけてくれた。
時にはスラム街のハンチングを被った少年のように、
知り合った金持ちの靴を磨いてお小遣いをもらったりもした。
時には人体実験の志願者のように、
自分の体で薬を試す事もした（治験のバイト）。
一時期、副作用で左腕だけがゴリラぐらいでかい時があった。
飲食店の夜勤でも働いたが、腹が減りすぎて客の残した飯を
朝方のゴミを漁るカラスみたいに隠れて食べて3日でクビになった。
あの時、動画を回す文化がなくて良かったと心から思う。
まあこのようにクズだが、自分なりに正直に生きながら
時に神の裁きを受けるような生き方をしていた。
そうじゃないと生きられんかったんです。

一番酷いのは、友人の紹介で知り合った金持ちの社長から
今度、会社のレクリエーションで、

駒込でバドミントン大会をするから審判をしてくれと頼まれた。
（こう見えて軟式テニスで全国大会に出ている）
勿論《もちろん》お金もくれるという事だ！
呼ばれたのは平日の昼だった。
いい歳した男がライン上に落ちたバドミントンの羽を見て、
インアウトインアウト。
完熟フレッシュのお父さんぐらい顔の黒い、
キレたら殴りかかってきそうな方が
「今のアウトやろ？」
「インです」
「アウトやろ！　コラ！　あ？」
「……アウトです」
俺は一体何をしているのだろうか。
そしてこの人達も何をしているのだろうか？
予定した時間より大幅に働かされいじられ、
色々考えると喜怒哀楽どれにも当てはまらない顔になり、
画面が固まったｉＰｈｏｎｅのように動きはない。

笑えよと言われれば画面が割れたｉＰｈｏｎｅのように
何故か笑顔にシワではなくヒビが入っている気がした。
容赦なく浴びせられる心無い言葉でプライドはズタボロになる。

挙句俺の立ち回りは
平日の昼間からドンペリ握って酔い散らかした男を
便所まで連れて行きゲロの世話と来たもんだ。
嘔吐《おうと》物《ぶつ》にまみれ気を失ってる男の頭を支えて
シャツのボタンをいくつか外してやった。
背中をさすり残っているゲロを全部吐かせた。
今だから言えるのだが、
なんでこんな奴の世話をせなあかんねんと思い、
人間として最下級の担当を任された恨みから、
死なない程度にこいつの首を絞めた。本当に申し訳ない。
男は「あ？　あ？」と声を出した。無視した。

会う奴会う奴どいつもこいつも、

色黒で歯が白い似たような顔ばかり。
反社版金太郎飴と命名した。
やっとレクリエーションも終わる。
刑務所から釈放された気分だ。
お車代と書かれた3万円入った封筒をいただいた。
カツアゲされるんではないかと思いすぐにポケットに入れた。
なんか色々情けなくて涙腺が緩む。
でも、自分に言い聞かせた。泣いてたまるか。
そしてまた言い聞かせた。泣かないのはなんのプライドだよ。
自問自答。答えの見えない毎日。
また明日になれば違う問題が出される。

REAL／21

東京で一生懸命駄目になる自分。
随分と会っていない相方は、
リサイクルショップを始めようとしているみたいだ。
俺達自身が買い手のないリサイクル商品だと気づいて欲しかった。

もう生きている理由はほぼわからない。だから死にたいんだ。
でもまだ死ねない理由が叶え切れていない夢の数だけあった。
しかし負のループは続く続く。
視界に収まり切らない砂漠から見える地平線のように永遠に。

バドミントンの審判という労働も終わり、駅まで行こうと思ったが、
電車賃がもったいないから30分から40分歩く事にした。
帰る時に気づいた。
デニムパンツのうしろポケットに入れたお車代が見つからない。
「どこまでついてねえんだよ糞ボケが！」
深いため息をつきながら来た道をまた戻る。
こうなると究極に追い詰められた脳は覚醒しだし
普段思わない事をゆっくり思わせる。
ばあちゃんがランドセルを買ってくれて喜んだ時、
父親と初めてキャッチボールをした時、
テニスでインターハイに行った時、
関西の賞レースを獲った時……。

まるで、車にはねられた時に浮かぶ走馬灯のようだ。
死に近い体験をする時は、
温かな思い出が冷え切った感情に温もりを与えるのか。
クズになった俺は、道を戻りながらさっき通った高架下を歩いていた。
さっき居なかったはずのホームレスを見た。
下には下がいるのかと可哀想に思った。
よく見たら、地面に座り何かを食べていた。
誰かに恵んでもらったのだろうか。
マクドのバーガーを食べていた。
上には上がいるなと思った。

REAL / 22

貧乏神が取り憑《つ》いてるのか？
必死で捜したがお金は見つからない。
どこかで落として、どこかの知らない奴がその金で
至福を味わってると考えると、もうええわとなった。
ただ、８割方、さっきのホームレスちゃうかなとも思っていた。

と、その時！　突然電話が鳴った。
一瞬の光！　お金をさっきの現場に忘れていて、心ある人からの電話だと信じた。
画面を見た。〝鬼大家〟と出ている……。
たぶん家賃請求だ。無視してブッチしてやった。
もうここまで来ると、愚かで情けないというか、人間失格今世終了。
何一つ上手くいかない自分が悔しくて、ホームボタンを潰れるくらい親指で押した。
でも何回もかかってくるから電話に出た。
大家「滞納が3ヶ月ですよ。もう無理ですよ」
久保田「来月まとめて払います」
滞納者がよく言うフレーズ第1位。
大家「もう強制退去してもらいますよ。お仕事していないのですか?」
久保田「芸人をしてまして、お金がなくて」
大家「そんな嘘は通らないですよ。必ず払ってくださいね」
電話は切られた……。職業も否定された。

金は残らないくせに、悔しさとプライドと涙だけは残った。
下向いて歩きながらふと空を見る。頬を伝う涙は上唇までくる。
舌で軽く拭くとしょっぱくて、そんなとこ誰にも見られたくなくて、
おもむろにフードを被り帰る東京歩道。
知らない人に肩がぶつかり、すいません。
こんなのドラマでしか見た事ないけど実際あるんだと思った。
これはもう、俺の知らないとこで知らない誰かが
「人生」というタイトルでカメラを回している。
絶望的で救われない、見た後に落ち込むような
胸糞映画を撮影していると思うようにした。
そして、お天道様は俺がろくでもない地獄を味わう瞬間を
しめしめと見ているんだろうな。

2時間は歩いたかな。足が棒みたいになっている。
やっと、家に着いた。
歩道を歩き続け、排気ガスや暑さで顔が汚れ服も汚れていた。
しまいに頬もこけて汗まみれになり、

オールスターの靴はもう前方のソールがベロンと剝がれ、
ある意味で通気性抜群の状態だった。
「ただいまー」
嫁はバイトに行って居なかった。
すぐに風呂場に行き、今日の事を早く全部忘れたくて、
シャワーの水圧最強で汚い体にあてがい、
石鹼《せっけん》に自分の汚れた爪を何度も擦りつけ汚れを取った。
最後はシャワーで体中をこれでもかというくらいゴシゴシ洗った。
まるで、証拠を隠す犯罪者のようにゴシゴシと。

まだ若くて、大した仕事もしてねえのに、今日は酷く疲れた。
何も食べず冷てえ布団で死んだように寝た。
寝る前に犬が誰もいないところを見て吠《ほ》えていた。
どうやら、お金じゃなく幽霊を持って帰ってきたみたいだ。
「おやすみ」
犬に喋りかけた。

何時間寝たのだろうか？　目覚めたら朝だった。
おもむろに、ＴＶをつけると今日の天気予報が流れていた。
画面には降水確率が出ているが、
その背景には渋谷スクランブル交差点が映し出されている。
糸で繋がれた組織のロボットのような
群衆が行き交う朝方の人間交差点。
全員の共通点は同じ。皆それぞれ目的地に向かっている。
間違えた道を行けば辿りつけず消えていく。
それが東京。
東狂。
頭狂。
Welcome to hell Tokyo

REAL / 23

ようやく気づいた。
生きていればラッキーもあるもんだよ（読者に語りかけている）。
3年ぶりくらいにＴＶの収録が入った。

若手芸人の枠でピンで呼ばれた。
番組は「とんねるずのみなさんのおかげでした」。
高視聴率のモンスター番組。気合いを入れて臨んだ。
内容は「きたなトラン」。
とんねるずのお二人が汚いお店にロケに行く際に、
若手を何組か連れて行くという、TV公開オーディションみたいなやつだった。
10組くらい呼ばれて、炎天下でシンプルに50メートル走にチャレンジして
上位の者だけを連れて行くという独特な企画だった。
これが東京か。大阪で学んだ教科書には1ミリも掲載されていない。
横並びのタレントは皆、メイクをしたり必死でキャラクターをつくったり。
自分を捨てたロボットのような祭典にうんざりもした。
そんな中に、泥まみれ人間剝きだし野郎。
視聴者からすると楽しいだろうし面白そうってなるんだろうな。

一次予選は通過した。
ロケバスで次の現場に行く予定だったのだが、何故か満足感もなく達成感もない。
何よりゆるキャラみたいに何かに変装してメイクする事がこの世界の最速と思い

近道をしている芸人風情が気に入らなくて、帰る事にした。

今考えるとありえない行為だと思う。

皇居の中で立ちションするくらいありえない。

でっかいロケバスにスタッフや芸人が続々と乗っていく。

俺は、ロケバスに置いていたリュックを背負いバスを降りた。

ディレクターから、

「すいません、打ち合わせは車内でやりますんでよろしくお願いします」

久保田「すいません、バイトあるんで帰ります」

ディレクターは、眉間にシワをよせて拍子抜けした顔で
「はい？　あ、すいません、それを次の収録で言うって事ですか？」

久保田「帰るねん俺、帰るんです。おつかれした」

ディレクターの顔色が変わってくのがわかった。

そりゃそうだろ。売れてもいない糞みたいな若手が
一丁前に大御所の番組を途中で帰るのだから。

「何を言われてます？　もう出発するんで乗ってください」

久保田「結構です。俺帰るんです。向いてないんで帰るんです。えーと……帰るんです」

そのまま俺は歩いて帰った。遠くから聞こえる声。

「久保田さあーん、今、自分が何されてるかわかってますー？」

ガン無視を決め込む。心の中で答えた。

「わかってるよ。でも、もう愛想笑いもしたくないし、どうせウケないし、もういいよ。Ｍ－1獲ればいいんだわ」

後ろは振り返らなかったが、何かを叩いた物凄い音は聞こえた。

たぶん、ロケバスの側面だろ。

長く持った方かもしれない。
東京に来て今日まで張り詰めた糸はプツリと切れた。
世間からすると生意気で失礼すぎる言動だが
俺からするとその覚悟が大きな一歩になったかもしれない。
もう何も怖くなかった。
気づいたらせっかく呼ばれたＴＶにさえも中指を立てていた。
もうはちゃめちゃだろ。狂ったんだよ。頭狂。

REAL / 24

家に着いた。

扉を開けると、嫁は何かを察したのか
そそくさとタバコを灰皿で消して外にでた。
最近はあまり口も利いていない。
リュックから携帯を出したら、物凄い着信の数。
スタッフとマネージャーからだ。
今も鳴り続けている。
反省もないし悔いもない。覚悟は心を開き直らせる。
まだ鳴り止まない。
うるせえ携帯の上にクッションを載せてその上に座り音を殺した。
そんな事より小腹が空いたんだ。
仕事を放棄しても怒りというエネルギーが空腹にさせるんだ。

部屋に入るとすぐにキッチンに行き、綺麗に手を洗い
輪ゴムで留めていた一昨日の食べ残しのポップコーンを手に取り、
部屋のカーテンを閉めて映画鑑賞をした。
途中まで観ていたホラー映画の続きだ。
鍵束の中から必要な鍵が見つからず、

ドアを開けるまでに時間がかかるシーンから。
間も無くこいつは殺人鬼に命を奪われるんだろうなと思ったら、
案の定なんの裏切りもなく襲われておしまい。こちらもハズレ。
そんな事よりも、俺は今、大物芸人のゴールデン番組をバックレて
家でホラー映画を観てポップコーンを食うてる。
殺人鬼より怖い事をしてるのは俺なのかもしれないと思った。
夕方の6時からルミネの劇場イベントに行った。
中川家さんにその話をしたら爆笑していた。
俺の気持ちをわかってくれる先輩は、
やはり大阪で学んだ教科書に載っている笑いの猛者だった。
心から嬉しかった。

#なかがき

読んでいる人へ。
良くも悪くも行動ができないのは、覚悟が足りないのかもしれない。
小さな一歩が繋がれた鎖を解き大きな変化へ繋がるかもしれない。
行動の差は覚悟の差。新しい景色へ自分を解き放て、と

小さく悩んでる読者に伝えたい。

REAL / 25

東京には同期の友達がいた。
南海キャンディーズの山里やネゴシックス、
R－1チャンピオンの中山功太。
山里は龍《りゅう》の如く売れ昇っていった。
一方その頃、ネゴシックスと中山功太は、
俺と同じくこの街の洗礼を受け地獄を見ていた。
ネゴシックスはお笑いでは稼げないと踏ん切りをつけ
絵を描き販売していた。
褒めすぎかもしれないがピカソより上手い。
聞くところによると、吉本の安い給与明細は
冬にライターで燃やして暖を取るのが彼の日課みたいだ。
中山功太はストイックになりすぎて我を通しすぎて
お笑い関係者から凌辱《りょうじょく》を受けていた。

彼は同期の中ではエリートで、
ライブすればチケットは即完売。
芸風やネタは奇才でもある。
しかし、東京に行き壊れた。
まるでゴミ捨て場に置かれた、
汚れて動かないブリキロボットみたいだった。
各々が押し潰されそうな毎日で嫌になっていた。

気晴らしに中山と2人でカラオケに行った事がある。
当時は全国的にノロウイルスが流行っていた為
入り口にアルコールの消毒液が置いてあった。
彼は何を考えたのか、歌舞伎役者が鏡前で白塗りするくらいに
手から顔まで全体的に液体を塗りたくっていた。
久保田「こうちゃん、そんな塗らんでええやろ？」
中山「いや、もう風呂もそんな入ってないしな」
1人暮らしの風呂代節約術は聞いた事があるが、
体の垢《あか》を消毒液で殺す節約術なんて聞いた事がない。

一生聞けないと思うと得した気分になった。
305号の部屋に入った。
久保田「どうなん最近、何かバイトとかしてんの？」
中山「俺を駄目にしたTV局を爆破する為に薬局で薬品作ってる」
久保田「……もうそれはテロリストだよ」
と優しく教えてあげた。
彼は笑いながら、誰にもらったかわからない、
まるでバザーの売れ残りのようなどこのブランドかわからない、
どの層にもハマらないダサイを通り越して不思議なバッグから
ドーナツを出してきて「食べる？」と聞いてきた。
怖すぎて、したくもない昨日のニュースに話を変えた。
若干、まだ濡《ぬ》れてるやんってくらいアルコール消毒液が手や顔についていた。
その瞬間だった。彼はやはり神に愛される人間なのか天才なのか。
ポケットから取り出した自分のタバコに火をつけたら手に火が燃え移った。
さっきのアルコール消毒液に引火したのだ。
普通の人間なら「熱い！」とか「水！」とか助けを求めるはずだが
彼は0・2秒くらいのスピードで

「わしゃ魔法使いか！」
と自分の右手にツッコんだ。天才だよ。
ＴＶ局を爆破させようとしてる奴が先に燃えてると思うと面白くて仕方なかった。
その後、俺は飲んでいたコップの水を彼の顔にぶちまけた。
「どこにかけてんねん。手や手！」と言われながら。
彼はソファーに何回も手を擦りつけ自分で鎮火した。
２人共、目を擦りながら涙を流して笑っていた。

#なかがき

他愛もなく、まだ笑える事に気づきましょう。
笑えた事に感謝しましょう。
昨日あった辛い事や明日訪れる暗い日々だけじゃないって改めて知ってほしい。
決められたルール、組織、会社、家族、色々あって辛いけど。
その空間からたまには抜け出していいんですよ。
シンデレラなんて、毎日いじめられて罵られていたけど、
勇気を出して夜遊びしたから運命が変わったんですよ。
笑顔を探しに行きましょう。

まあこの場合、魔法使いは中山になるんですけど笑。

REAL / 26

見事に今日も休みである。日曜の昼下がりだった。
連休連休であまり誰ともしゃべっていないから、公園で気分転換しようと思った。
公園に着いた。天気も良くて、誰もいないと思ったから、久しぶりに声を出そうと、
「あーーーーーー」と叫んだ。
ブランコに乗っていた子供が恐怖で逃げ出した。
マリオカートのスタートダッシュくらい速かった。
走り去る子供の小さい背中はこれから社会に出て
どれほど大きい物を背負うのだろうと思うと気の毒だった。

電話が鳴った。知り合いのメンヘラのキャバ嬢からだ。
犬の散歩をしてくれと頼まれた。ギャラは5千円。
仕事内容は、家に行き犬を預かり公園まで散歩してくれとの事。
てめえがやれよって話なのだが、俺にはありがとう犬様って感じで。
ただ、厄介なのが、マンションのエレベーターを降りて

外に出ると犬が地面に尻をつけて動きもしない。
何回も口笛を吹いたりして歩かせようとしてもぴくりともしない。
腹が立ってきたので、抱きかかえて15分かけて公園まで行き犬をおろした。
そしたら尻尾を振りながらこっちを見つめ何かよこせみたいな顔をしている。
「なんでお前みたいな何も動いてない奴が腹減ってるねん。俺と同じやないかボケ」
と心の中でツッコんでいた。
犬は飼い主に似てアホだからせっかくの外なのに動きもせず横になり寝出す。
その間、俺はボーッとするだけ。
頃合いを見て寝ている犬を抱きかかえてまた15分かけて飼い主の家に戻る。
5千円をもらう。後で気づいた。
これ俺の散歩やんけ。

REAL / 27

ある日の晩の事だった。先輩の食事会で知り合った
土木関係の会社の社長から連絡があった。
久保田「もしもし」
社長「なにしてるのー」

久保田「家に居ました」

社長「家に居ても仕方ないやろ、出ておいでや」

半ば強制的に連れ出された。

どこに行くのかと思ったら、ポールダンスに連れて行かれた。

ピンクネオンに爆音のユーロビート。席に着くや否や
社長「久保田くん、あのシルバーの棒に脚を巻きつけて踊っている女の子の胸にチップ挟んでおいでよっ」

久保田「えっ、いいんですか？」

1万円渡された。女の子の目の前まで行った。

心の中で、ごめん俺も大変やねん金ないねん助けてくれ頼む伝われー
と、まるで墓石の前で先祖に念を送るように、
その子の胸にもらったチップを挟むふりをしてポケットにないないした。

女の子が金剛力士像ぐらい眉間にシワを寄せ睨《にら》んでいたので
後輩芸人の「みやぞん」くらいの笑顔を返してあげた。

崖っぷちの2人。生きるか死ぬか。

そこに言葉なんてないが、一瞬で理解し合えたのかな。

その後、社長に、これなんかに使ってよってって3万円もらった。

本当に嬉しいのだが……、
単発でもらう金と給料じゃ生活なんてできやしなかった。
この頃から実はバイトを始めた。
帰りの電車の中吊り広告に雑誌の見出しが書いてあった。
「死を招く激ウマレシピ」
美味いものを食えて死ねるなら最高だよ、と不謹慎ながら思った。
いや、おでん食べてキャプテン★ザコに殺される方がまだましか。
俺は車内で究極の二択に押し潰されそうだった。
「次は田無ー、田無です」
アナウンスの声は、初めて聞いた時のような新鮮さのかけらもない。
聞き慣れすぎて、暇つぶしでかける音楽プレーヤーくらい何も入ってこなかった。

REAL / 28

家に着くと嫁は、間接照明の近くでタバコをくわえながら一点を見つめていた。
様子がおかしいのはすぐにわかった。
「電気くらいつけなよ」とリビングのドア横の壁についているスイッチを入れた。
ソファーに深く腰掛けて携帯を見ている嫁の背後を通った時に画面が見えた。

「求人　時給2000円　ガールズバー」
飛び込んできたパワーワードに一瞬凍りついた……。
どうやらコンビニのバイトは辞めたみたいだ。
辞めて違う労働でそれ以上の対価をもらわないと生活できないのだ。
だらしない俺が自然に辞めさせてたのだろう。
粉々に割れたピンクの豚の貯金箱の破片が入った袋が
もう2ヶ月ぐらいゴミ箱の横に置いてあった。
嫁はその5日後ぐらいから水商売の人となり働きだした。
相当な覚悟とこれが最後の俺の目に映るメッセージだった。
奇跡なんて起こらない。この漆黒の家に笑顔などもうない。
嫁があの頃聴いていたピタカゲの曲なんて随分この部屋には流れていない。
流れているのはピアノの鍵盤を何も考えず両手で叩いた時のような
2人の罵り合いの不協和音。
東京に来た時はあんなにも仲良くなれたのに。
人は住んでるのだが心はもぬけの殻。
嫁は働きだして昼と夜の生活が逆転しだし
南向きの窓から入る光はカーテンで遮断され部屋は闇と化す。

俺はカス。一番大切な人の笑顔さえ殺してしまう俺は人間失格。
今の俺は人から軽蔑されて侮辱されても当然。
全部ひっくり返すにはただ1つ。
M－1で優勝。M－1で優勝するから待ってくれ。
幸せにしてあげるから。今だけは。少し、後少し。
でも、そんな薄っぺらい未来予想図なんて信用のしの字もない。
嫁には内緒で、中野新橋の料理屋でバイトをしていたが4日でクビ。
理由は、吉本から突然連絡があり、
ライブに出る予定の芸人が体調不良で出られないから
とろサーモンで漫才をしてくれとの事。
急に休んだので案の定、クビ。

時間も合わず顔も見る事が減り会話もなくなり仕事もない。
ドッグフードも馬鹿にならなくなってきた。本当にヤバい。
でも、なんというか、伝わるかわからないのだが絶対に売れる。
飯が食えるようになるという根拠のない自信がどこかにあった。
他の芸人は舞台上で行われるトークや

ゲームコーナーなどの企画でお笑い能力をつける。
業界用語でいう「平場」というやつだ。
俺には、そんな場所さえない。主戦場は全てストリート。
これまでの経験がいずれお笑いに変わり、
金に変わると心から思っていた。

REAL / 29

追い討ちをかけるようにある事が起きた。
新しく深夜のバイトをしようと面接に行く、その道中だった。
俺に靴を磨かせてお金をくれたり
バケツにウイスキーを山ほど注いで
一気飲みさせたりする優しい社長から
へべれけ状態で電話があった。
「こっちまで出て来いや、金やるから」
悪く言えば都合のいいセフレ。
良く言えば、生活を援助してくれる優しい人。
当たり前のように面接の日程を遅らせてもらい、

言われるがままに足を運ぶ……。
到着すると目を疑う光景が……。
時代は変わろうがバブルは存在する。
さっきの電話の社長が、馬鹿みたいにキャバクラでドンペリを開け、
VIPのソファーで女を何人も横につけ踏ん反り返っている。
札束を手のひらに置き手裏剣みたいに飛ばす。
「欲しいだけ取れよっ」と金をばら撒く。
獣のような耳障りな笑い声は、
真っ暗で何も見えない森の奥から聞こえるような声だった。
亡くなっても報われない福沢諭吉が空中を舞う。
汚ねえお金で殿様気分か！
一瞬の苛立ちで、今なら殿様の背中を後ろから竹槍で刺せそうな気がした。
こぞってそこに集まった、社長の金だけを狙う家臣のふりをしたハイエナ男や、
薄い人生だから分厚い化粧で顔を誤魔化しているキャバ嬢。
欲まみれの人間共はヨダレを垂らしながら床に落ちている札を
ヘラヘラ笑いながら拾い握りしめていた。
世の中のお金なんて全部そうなんだって思えてきた。

そんなお金を犬の散歩のご主人様からもらっていたのかと思うと居た堪れない。
チケット売りをしている時に会ったキャバ嬢の事も思い出した。
変に点と点が繋がる。天はその点を線で繋げ、筋という道標を俺に教え試している。
勿論、あの頃と変わらなければ点は上がらず何も変わらない。
床にいる諭吉と目が合う。ここまで汚れたくない。
与えられた餌を全部しゃぶりつくす欲まみれの社長の豚ではないのだ……。
いらねえよこんな汚ねえ金。
適当に振る舞い、良きタイミングで帰ってやった。
ほろ酔いの帰り道、自分自身を褒めてあげた。
本当に俺は偉い。成長したなって。
ポケットからタバコを取り出した。
やはり俺は糞人間だと気づいた。
ポケットにちゃんとくしゃくしゃの１万円札が４枚入っていた。
言い訳ではないが、記憶にない。本当に記憶にない。
もう、なんというか、スーパーで万引きしているのに盗んだ認識がない奴と同じだ。
何回こんな事を繰り返すねん。
バドミントンの審判した時の方がまだ綺麗な金だろ。

まあ、落としたから手元にはないけど。
こんな金がなんやねん。
こんなんやなくてお笑いで稼がないと終わらないだろ。
全部これを綺麗にエピソードトークにして笑いに変えたらいいんだろ。
ネタにしたらいいんだろ。みんながそれで笑ってくれればいいんだろ。
そしたらM－1行けんだろ。俺が傷付けば皆笑うんだよ。
M－1の為ならメンタルを全部神に捧げる。
お笑いの女神よ、見てくれよこんな哀れな俺を。
あんたも笑ってるんだろ？　俺の魂と交換条件だ。
その代わりにM－1で勝ち抜く最強の知恵をくれ。

久保田はチェンソーマンみたいになっていた。
いや、ちゃんとした精神自傷行為芸人だ。
切ないが、この話もちゃんとウケた。
M－1優勝してから、全ての話を放出して稼いでやる。
なので嫁よ、もう少し待っててください、と。
心から忘れた日なんてなかった。

REAL / 30

嫁は生活の為に必死で働きリビングで倒れるように寝ていた。
俺はひたすらペンを取り文字を起こす。
その後ろにはこの家に引っ越した時に飾った
埃を被った大阪の賞レースのトロフィーが何個も輝いていた。
それを見て、あの時の俺は凄かったのだと自分を鼓舞していたが、
そんなプライドなんて今はいらないし、一銭にもなりゃしない。
目に入るトロフィーがあるからあぐらをかいてしまうと決断を下した。
その後、血の対価として手に入れた偉大なる勝利のトロフィー達を
自分のお笑いライブでオークション形式で客に売りさばいた。
自分の過去より自分の未来の為に今を生きる。
過去の栄光に縋り付くプライドから脱皮できないのなら、
そんな物は壊せばいい。目の前から栄光をなくす。
すなわち破壊する事で新しく再生という道ができるなら
俺はそれで良かった。

#なかがき

好きな言葉があるんです。
1つの扉が閉まると、必ず別の扉が開く。
嫌な事が起きても悲観する必要はなく、
別の良い未来への扉が開いているかもしれないという意味です。
閉まった扉をいつまでも悔やむのではなく、
開いた扉に気づいて新たなチャンスを掴む事が大切。

REAL / 31

事務所に、M－1に向けてのネタ合わせをしに行った。
相方は基本的にネタづくりの時は上手に椅子に座り動かないしゃべらない。
「月刊！　椅子の座り方」という本があるなら1ページ目の模範生だ。
打ち合わせのスタイルは俺がしゃべりまくって、
それをパソコンに殴り書きして良いところを繋げていく。
結構な時間を費やすので、作家を含めその場にいる人間は疲れていた。
空気を換えようと、部屋の窓を開けてあげた。

風が入ってきた。そしたら相方が、クシャミをした。

その時に思った。

「あ、こいつも人なんだ」

REAL / 32

ここまで生活がどす黒いとネタに出てくるワードもかなりパンチが効いていて
本来のとろサーモンよりはるかに精度が上がってきてる感じはしていた。
野球で言うところの、投げる球種が増えている感じ。
事務所の中庭には素晴らしい芝庭がある。
そこで休憩しようと、楽屋から外に出た。
沢山の若手がＴＶオーディションのネタ見せの為に中庭で練習していた。
基盤ができてないのに、ほとんどが何かのキャラクターに扮《ふん》し
メイクを塗り自分を消しながら２～３分を演じ切る。
そんなメッキでつくられた芸事なんて
局員に無茶苦茶に触られカスタムされる。
平場で本質が出た時に人間のおもろさの容量が少ないから
ウケないし消えてしまう。

そんな単純作業をするお笑いの人達が大嫌いだった。
人のアドバイスなんて2割でいいんですよ。
残りは自分を信じて欲しい。
ここまで乗り越えてきたんだから。
東京はタレント思考の支持率が高く
本来の「芸人」のような泥臭い人間があまりいない。
スタッフも「芸人を使ってやってる感」を出す時もあるし、
いじられる、いじりやすい毒を持たない芸人を短期間で使い倒し
視聴者に飽きられても尻なんて拭かない。
そんな事を思っていた。

#ながき

吉本養成所には年間約800人くらいが入学してくる。

全国の学校のクラスで一番おもろい人達や根暗でおもろい奴とか。

でもみんな辞めて、1年間で100人になる。

ここから2、3年で30人くらいになる。

多くの世に出なかった才能の泣き寝入り人（卓越した技術や常人ではできない事をできる人間。

地元で一番おもろいと言われた人間。しかしなんらかの理由で辞めた者）。
褒められたり煽《おだ》てられたり凄いと言われたりしたのに、
人と比べて自分は無理だと夢を諦めたり、
組織の言いなりになって小さくなったりした者や、
誰もが何も否定できない、家庭の事情という理由で辞めたりする者。
だが、何年も経つと、その者達は成功を掴んだ者を見て応援しながら、
「今はこんな仕事に就いたけど、自分も昔やってたんだよね」と言ったりする。
それは、沢山の時間をかけて没頭した自分の努力や青春を否定したくないから。
諦めた者は諦めない者には勝てない。夢を諦めたらどんな才能も不採用。
中庭にいる芸人にも言いたかった。
大好きだった芸人を辞めたとしても、好きな場所には居て欲しいと思う。
人の横に夢と書き「儚」い。
続ける者のみにしか夢は開かない。

REAL / 33

中庭の喫煙所でタバコを吸っていたら、営業部の女性の方が来られた。
これはチャンスと思い声をかけた。

でも、タイミングが悪く、機嫌が良くなかったことが表情から窺《うかが》えた。

「おはようございます」

「……（無視）」

「〇〇さん、また営業入れてください。よろしくお願いします」

「……（無視）」

ん……何も言うてこない。

女性は最後のタバコを灰皿にポイと捨てたが、入らず地面に落ちた。

「営業ね、はいはい」

そのままどこかに行った。

なんか道端で急にナイフで刺されたぐらいの感覚に陥った。

こんな事が許されるのか。腐っても俺かて人間やさかい……。

キレすぎてどぎつい関西弁が脳裏をよぎる。

とっさに「糞ババアコラ、狂ってんのかて」

小さな声でツッコんだ。

この苛立ちを吸収して俺はまたエネルギーに変えた。

覚えとけよ。理に反するクソみたいな大人と
モンスターにしか出会わない人生のＲＰＧゲームで、

また経験値を積み、勇者ではない、モンスターにつくり上げられていくのだ。

#ながき

でも、そんな運命を引いてるのも全部自分なんです。
試されてるんです。でも、後で気づいたんです。
人生なんて解決できる問題しか降りかからないですから。
ガチャの当たりが出るまで毎日毎日負け続けるんです。
だから、勝てた時に負けに感謝する。負けが勝ちをつくる。終わりのない哲学。
たぶん、まだ見ぬ日に当たりが出たら言うのかな……諦めなくて良かったって。
途中で辞めていたら、明日も同じ考えだったんだろうなって。

REAL / 34

ネタ合わせを終えてLINEを見たら
マイメンのネゴシックスから新宿でお茶をしようと、
まるで俺達のお父さん世代の古いナンパみたいなお誘いがあったので
気分を入れ替えそこに向かった。
昼すぎにオープンカフェでおっさん2人でコーヒーを飲んだ。

さっきの社員の話や、他愛もない話をした。
ふと、歩道を歩く美男美女カップルが居たので目で女性のお尻を追いかけた。
その行為に何故か腹が立ったのか、突然、
ネゴ「お前まだそんな事しとんのかい」
久保田「え？　いいやん可愛かったし」
ネゴ「可愛いとか男前とかもうないねん」
久保田「もうない？　どういう事？」
ネゴ「人間は皆、骨に肉がぶら下がってるだけの物体や」
久保田「……」
衝撃的ワードで言葉が出なかった（1回コーヒーを口に入れて落ち着かせた）。
〈人間は皆、骨に肉がぶら下がってるだけの物体や〉
彼も相当メンタルがやられていたのかもしれない。
でも、よく考えたら、人を見た目で判断するほど浅はかで愚鈍ではない。
ただあのタイミングで出る言葉ではないと感心した。
〈人間は皆、骨に肉がぶら下がってるだけの物体や〉
神様が言いそうな事を言っている。神様なのかな。

今日は、営業の社員とかネゴの発言とか、
なんかふとしたきっかけで熱量が急に上がる日だ。
しかし、刻々と破滅、奈落の底に突き落とされる道を歩き
帰っている事なんて知るよしもなかった。
帰り道にベアブリックくらい小さい婆さんがやっている
200円のカレー屋に寄った。
ここは大盛りで安くてコスパがいいと噂だ。嫁の分も買って帰った。
久保田「カレー2つください」
婆さん「ありがとね」
久保田「いえいえ」
婆さん「あんたこの辺の人かい？」
久保田「はい」
婆さん「2つって事はあんた2杯も食うんかい」
久保田「食うわけないやろ！　相場『彼女おるの？』とかやろ！　なあ！」
婆さん「……」
ネタ合わせのテンションでツッコんだ。
言葉が強すぎて引いていた……。

婆さんが初めて米兵を見るような怪訝《けげん》そうな顔をしていた。

REAL / 35

家に着いた。
西日が眩しかった記憶があるから、たぶん夕方ぐらいに着いたんだと思う。
ドアノブを引くと扉が開いた。
ん？　家の鍵が開いている？
第一声は「嘘やろ……」
この時間、嫁は寝ているはずだ……。
犬の気配がない。散歩か？
一瞬、背筋が寒くなったのを未だに覚えている。
小さい頃、ばあちゃんが怖い話をしてくれた時に感じたやつやと思った。

部屋の中に入ると、台所の水道から漏れる水が一滴ずつステンレスに落ちる音と何故かつけっぱなしのＴＶの音だけが聞こえる。
やけに空間を感じるというか、家の内見をした時ぐらい部屋が静かで何やら様子がおかしいと思った。

Welcome to hell Tokyo

電気をつけた……。
死んだ。死んだも同然。
生きる者がもうそこに居ないのだから。
嫁は荷物をまとめ犬と一緒に出て行った。
ビルから飛び降りた人間ぐらい急速に感情が下に落ちていくのがわかった。
その途端、両足に力が入らず玄関の横壁に背中をこすりつけながら
尻餅をついてしまった。

広々としたリビングを見渡すと、この地に来た頃を思い出す。
何故だろう、悲しい思い出しか出てこない。
とりあえず現実を受け入れる余裕はなく
脳内は絶望という言葉で埋めつくされ真っ暗闇。
感情は無。理解が追いつかない。

TVはつけっぱなしだった。
夕方のニュースが聞こえたのを覚えている。
つまらない日常で刺激が欲しくて、痴漢をした男が逮捕されたそうだ。

所持品はガムテープにロープにストッキング、そしてスタンガン。
そんな奴と俺は何ら変わらないのかもしれない。
ＴＶに映らない悲しいニュースもあるんだよ。
ベランダの窓が開いていた。
テーブルの上に１枚の紙。
離婚届。

嫁とはこの日から一度も連絡が取れず会っていない。
どこに居るかもわからない。
恐れていた事はいつも気を抜いて忘れた頃にやってくる。
腹を空かした虎が訪れたのだろう。
ヨダレを垂らし眼を光らせ丸呑《まるの》みにして姿を消した。
いや、むしろ虎が助けていたのかもしれない。
虎よりも俺といる事の方が怖い思いをさせてたのかもしれない。
きっかけは自分。全部俺が悪い。
もう、いいかも。もう、駄目かもな。疲れた。
死にたいな。死ぬなら楽に死にたいな。

この日の事をもっと書きたいのだが思い出せない。

本当に辛すぎると人は記憶から消すのかもしれない。

唯一覚えているのは、次の日に、玄関に置いていたカレーが冷たくカピカピになっていた事。

いっその事、あの婆さんがカレーに毒でも入れてくれれば、楽に地獄に行けたのに。

#なかがき

多くの名もなき芸人は、
目標を達成するまでの過程や努力なんて
あまり興味を持たれない。
結果が全て。結果が出てから人は興味を持つものだ。
しかし、俺の場合は嫁だ。
何より自分の人生にベットしてくれてここまで共に居てくれた事や
俺の夢の為に自分の時間を使い金を生み支えてくれた事。
何回も自分に言い聞かせた。
貴様の努力や恥なんて、貴様の一瞬の苦しみでしかなく、
支えていた人間はそれ以上の苦しみを口にも出さず、

1日、1ヶ月、1年、また1年と刻み込んでいたのだろう。
何もしてやれなかった無力さと、気づかされた後悔は一生の悲しみに等しい。
俺に何ができるのか、何をする事で恩を返せるのか。
1年に一度しかない漫才の祭典で1位になる事が彼女への報いならば、
一生を棒に振る覚悟でも優勝してやろうと。
してあげた事より、してもらった事を忘れずに生きるべきだと学んだ。

chapter 03

REAL36〜51

エイエンなんてあるわけない

REAL / 36

部屋の荷物はあまりなかった。
作業部屋のテーブルの引き出しに何枚も重ねたCD。
その中からG－DRAGONのアルバムが出てきた。
おもむろにケースから出した。
聴こうと思ったけど、そんな気分ではない。
しんどすぎて聴けなかった。
歌詞カードだけ目に入った。

エ・イ・エ・ン なんてもの
あるワケないでしょ
そんなことを 言われても
結局 愛なんてないなら
今夜はピタカゲ！
ほっとけよ どうせオレは一人がお似合いさ
もう終わったから慰めはやめてくれ

今夜はピタカゲ！

当てつけのような歌詞。
聴かずとも見届けろという神からのガイダンスなのか。
俺のメンタルとシンデレラフィットして男泣きした。
ちなみに、「ピタカゲ」というのは
「やさぐれている」という意味らしい。

そして俺は、何一つやり遂げられず
生きている実感もなく、お笑いの称号もなくなり、
バツイチというタイトルだけを手に入れ
この街を出る事にした。
レンタカーで借りた軽トラに荷物を載せ終えた。
手伝ってくれたキャプテン★ザコと
コンビニで買った食材を食べながら思い出を語った。
そして、ザコに別れを告げた。こいつにも感謝しかなかった。
軽トラの窓を下げて、

久保田「奥さん大事にな、色々ありがとな。またな」
ザコ「誰が言うてんですか、離婚ほやほやの人が」
久保田「お前の奥さんは、畳の部屋で死んでたもんな」
ザコ「生きてるわ！」
久保田「……」
精一杯の冗談にキレもなく、ヘラヘラしていた。
久保田「じゃあ、行くわ」
ザコ「兄貴、今まで感謝してます！　また連絡します」
深々と、頭を下げてくれた。
車のエンジンがかかり発進した。
金持ちが雪かきをしていた道を走り出す。
色んな思いが交錯する。
ふと車内のミラーを見た。
映っていたザコは残りの肉まんにかぶりついていた。
なんやこいつと思って笑えてきた。
好きな人と肉まんは温もりが大事だな。
しかし、この男が、のちに凄い事をするのだ。

REAL / 37

引っ越しをする為の資金もなく、麒麟《きりん》の川島さんにお金を借りた。
心よくオッケーしてくださった。
当時の川島さんも今とは違い意外とご苦労されていたが、
そんな顔は微塵《みじん》も見せなかった。
あの方といると不思議と最後に笑い散らかして1日が終わっていた。

今でも覚えているのは、ある日の夕方、電話があり銭湯に誘われた。
久保田「少し遅れますが向かいます」
川島さん「了解、先に入浴しとくわ」
久保田「了解です」
30分くらい遅れて銭湯に着いた。
俺はやらかしてしまった。
手持ちの金が70円しかない。
急いで川島さんに連絡するが電話に出ない。
当たり前だ。入浴の真っ最中だ。

強行突破しよう。
先輩を待たせている罪悪感。いや、周りの見えないただの馬鹿だ。
後で払ってもらえばいいんだ、という結論を導き出した。
暖簾《のれん》をくぐり男風呂に入ろうとした瞬間、受付のおばさんが
「何をしてるんですか？　お金払ってください」
久保田「払う人は中にいますから」
おばさん「ちょっとやめてください」
必死で俺を止めるおばさん。
迷惑系ＹｏｕＴｕｂｅｒの凸となんら変わらない。
暖簾を強行突破し脱衣所に着いた。
風呂場の入り口のガラスドアの向こうから素っ裸で
徳川の家紋くらい立派なイチモツの川島さんが目を細めて俺を見ている。
久保田「あの人です。あの人が払うんです」
様子がおかしい事に気づいたようでこちらに来た。
川島さん「お前何してんの？」
理由を説明した。
川島さんは万引きした子供の母親くらい

おばさんに頭を下げて、お金を払ってくれた。
何から何までお世話になり迷惑まで掛けて先輩の顔に泥を塗る始末。
本当に申し訳ない気持ちと反省で心は一杯なのだが
一番驚いたのは徳川家紋珍珍。

お金がなくて飯も食えない時にも、
家に呼んでいただき、たらふく飯を食べさせてもらったりした。
実はその時に、今後の人生に関わる
ターニングポイントみたいな事をサラッと言われた。
いつものように、飯食っておもしろ話をして大喜利して、
なんかの流れで絵を描く事になった。
俺は絵とは無縁だったのだが、俺の描いた絵を見て
「久保田、お前本当にこの世界で駄目になりそうになったら絵を描けば。これ金になるぞ」
って言われた。俺は軽い返事で受け流した。
そこから、ある事が起きるまで5年間絵なんて1枚も描いておらず、
川島さん家で描いたのが最初で最後だった。

REAL / 38

次の新天地は北池袋というところだ。新宿から5駅くらい。
毎日乗っていたあの電車とはうって変わって快適で全ての目的地まで早い。
新生活が始まった。二階建てのマンションで、家賃は7万5千円。
サンルームという部屋があり太陽の光が眩《まばゆ》いばかりに入ってくる。
春になると目の前の公園の桜が満開になり花びらが部屋に入る時もあった。
でも毎日居た人が居ないとこんなにも人は
孤独を感じるのかと眠れない夜を過ごした。

引っ越して間もない頃、重たい声でマネージャーから電話があった。
コンビで事務所に来てくれとの事。
このパターンはでかい仕事か、やらかしたかの二択。
事務所に行くとそこには吉本の偉いさんが2人。
何の話かわからなかった。
聞くとどうやら、よしもとプロジェクトで
地方に住みます芸人を発足させるみたいだった。

（全国各地に芸人が住み地域密着の活動をしてそこで生活もする）

嫌な予感がした。

そこに居たのは、大阪の時から仲の良かった社員さんだった。

俺らの調子が良かった時しか知らない人でもある。

社員「あの……一点相談があって、とろサーモンは宮崎出身だから、そこに住んでお笑い活動をしてみないか？」

会わないうちにこの人も出世したんだろうな。

俺以上に、自分を殺し会社に染まったのだろうか。

あの頃とは少し人が変わってるように思えた。

瞬間的に苛立ちが勝った。見くびられたもんだな。

何が芸人ファーストやねん。

これが優しさ？　島流しの戦力外通告やんけ。

相方「それはちょっと無理でしょう。確かにここまで落ちぶれたけどそれはないですわ！」

怒号と勇敢さにかっこよさを感じた。

ネタ合わせの時に一瞬でもこの人をマネキンと思った自分が情けない。

社員「……」

とろサーモン「……」

沈黙が続く。

湖の表面に氷が張り詰めたようだった。

その上に俺達は立たされていて、答えを出す感じ。

あの時、もしわかりましたと答えていれば、
表面の氷は一気に解け出し足が奪われて落ちていき
帰ってこられなかっただろう。

社員「月30万は出せると思うねん。どうかな？」

口を開いたと思えばそれなりの金額提示だった。

相方「は？　マジで言うてるんですか？　わかりましたわ！　考えてみようと思います」

速すぎる。１ラリー、１ｋｉｌｌ
世界で一番速い論破を見た気がする。

結果、その話は断った。
社員には東京では無理と思われてるんだろうな。
それからは、その方達と偶然事務所で会っても笑顔で挨拶はするけど、
喉に魚の骨が引っかかってる感じがあった。

REAL / 39

M－1のリミットはあと3年。出場規定は結成15年以内。
M－1は2003年から8年連続で敗者復活戦止まり。
いつも震える体を北風に晒されて恥をかき負け続けている。
もう負けるのは飽きた。
しかし今回、東京で挑む大会はやけにネタの中に人間性が見えて、
言葉が走っている気がした。
ペンとノートで作り出す作品より
感情のまましゃべり倒す方が俺らしくできると感じていた。
日頃の舞台でもめちゃくちゃアドリブ入れて
ウケるやつをネタに入れ込んだりした。
机で1時間考えるボケより、舞台で空気や状況を飲み込んで、
一瞬で答えるボケの方が核心をついていた。
ボケは生物《ナマモノ》。
追い込まれてその場で吐き出す言葉が人間くさかった。
ネガティブな毎日だが腹の底から思うワードを

お笑いのフィルターにかけてしゃべる漫才は
客が受け入れてくれる感じがした。
東京に来たての時だったよな。
あの時、楽屋で芸人が沢山笑ってた。
でも、客は笑わなかった。
少しだけ世間様が追いついてきてくれている感じ。
そして何より、笑かしてるという感覚。
納車日の車の運転より半年後の運転。
乗りこなしてるみたいな。
今年、漫才が仕上がる。

REAL / 40

駄目だった事とか無理だった事があって1つのドアが閉まる時、
神様は平等に、別のドアを開いてくれていると聞いた事がある。
しかし、閉まったドアをいつまでも残念そうに見つめていると、
自分の為に開いているドアが目に入らないという事がよくある。
気持ちを切り替えて開いているドアに気づかないと新しい景色は見られない。

ルミネtheよしもとで総勢50組の漫才大会が行われた。
圧倒的に優勝した。
この頃から、自分でもわかるくらいに
人との縁が仕事に結びついてきている感じがした。
嫁と離婚して人のありがたみや感謝を理解した。
人は1人で生きられない事などが身に沁《し》みて、
少しだけ本来の人間に戻ってきていた。
嫁からは変わらず何も連絡はない。

ある日、次長課長の河本さんの計らいで、
オススメ芸人枠でネタ番組に呼ばれた。
この番組で知り合った樅野《もみの》さんという作家さんとお会いして
人生が大きく大きく好転した。
収録終わりだったと思う。楽屋前に樅野さんがいらっしゃった。
「お前、面白いのにTVに出てないのは勿体《もったい》ないな。俺、お前がM－1優勝するまで全力で応援する」

と言われた。

こんな事あるのか？

誰もいないところでカチカチのウンコを投げ続けていたら偶然、超有名スカウトマンが来て、

「君、いい肩してるね。うちのチームに来ないか？」

と言われた気分だ。

この頃からＴＶ出演がちらほらと増え出した。

当時、俺が出た番組のエンドロールには
「作家・樅野太紀」という名前が必ず入っていた。

未だに感謝しかないし、あの人と嫁の為なら殺人以外なんでもできる。

樅野さんと俺には約束事、いわゆる契約書みたいなものがあった。
仕事をしたら〝今日の任務報告〟として
反省点と今後の生き方について毎回メールを送っていた。
こんなやさぐれた奴を更生しようとする計らいでもある。
今思えば、刑務所からの手紙とほぼ変わらない。
ある時のメール文だ（何百というメールから抜粋しているのであしからず）。

〝今日の任務報告〟
樅野さんへ
お疲れ様です。番組呼んでもろてありがとうございます。
一点謝りたく、許してください。
にゅー◯◯の番組のオンエア、2週にわたり全カットでした……。
スタジオは終始爆笑なのに……。下品だから駄目という理由でした。
もう行き場ないです。こんなに色々してもろてるのにすいません。悔しくて。

樅野さんからの返信。
それはきついな。
さすがに編集までは立ち会えないからな。
でも、お前は何が使われるか覚えていくんだ。
でも、売れたらなんでも使い出す。そんな世界だ。

久保田の返信。
勉強していきます。

でも、頭にきて、スタッフに言いました。
何が気に入らなくて切るのか説明してくれって。
そしたら「上から言われた」と。大人の対応でした。
言い訳で違う奴の名前で逃げ場つくる奴の人生の方が
使いどころ一個もないと思いました。
すいません偉そうに。僕は変える気はないです。

樅野さん
演者の配慮を忘れたらバラエティーは死ぬよ。
変わらないお前、変わっていくお前。両方大事。
夜飯だって、いつものお米と毎回変わるおかずがあるから楽しみなんだよ。
それで、視聴者もお前もお腹いっぱいで笑えるんだよ。

久保田
身に沁みる金言、ありがとうございます。

樅野さん

売れてこの世界を変えていこうな。

本当に、リスペクトは遥《はる》か宇宙規模くらい大きい。
人を憎んでここまで来たのに、
縦野さんには何故ここまで心を許せるのか考えてみた。
忘れもしない出来事があった。

REAL／41

新宿で飲み会をした時の事。
男４対女４だった。畳の部屋だった。
壁際に縦野さん。その横に俺。その横に後輩が２人。
公民館などにある長いテーブルを挟んで女子４人。
当時の俺は「おもろければモテる」の一択しかなくて
めちゃくちゃ女の子を笑かしていたつもりだった。
それに被せて縦野さんがボケてくる。
女の子が笑う。そしてまた被せる。
その時だった。後輩が、

「久保田さん、樅野さん股間のところにお酒こぼしてませんか？」

と耳打ちしてきた。

見てみたら、びっしょり。

ここはお笑いで行こうと思い
久保田「めちゃくちゃションベン漏らしてるやん」

樅野さん「そうやねん。マジで」

久保田「は？　酒こぼしたって言えや！　ほんまに聞こえるやろ！」

樅野さん「マジやねん」

物凄く空気が張り詰めた。

久保田「え？　酔うてますの？」

樅野さん「お前の話がおもろくて、トイレ行く時間が勿体ないから我慢してたら、さっき笑った瞬間に出てもうた」

俺と後輩は店内全員に聞こえるくらい爆笑した。

女の子はさっきまで笑って楽しんでたのに、
ディズニーランドで急に月経がきたみたいな顔をしていた。


俺の話が聞きたいから我慢して漏らすって、

こんな芸人冥利に尽きる事ある？
最高でサイコな夜だった。二軒目は男だけで、さぁ行こう。
案の定、モテてはいなかった。

#ながき

ろくでもない夜は当たり前の夜より記憶に残り
何年も経てば良い夜の思い出に変わる。
例えば、葬式終わりに故人を思い出し仲間がしゃべり出すのは大抵、
生きていた時の失敗談や馬鹿話などである。
そう思うと失敗って宝やんて、ほろ酔いで帰宅中に悟った。

REAL / 42

仕事もないし、お金もないし、電話も止められるし。
でも時間は沢山ある。孤独との共存。
目に映る壁にかけた無骨な黒い時計の針は
寝る時までの面積を孤独で埋める。

北池袋に住み始めて1年くらい経ってから知った。
家の近くに、芸人が住んでいるとの噂。
ホッとした。
アントニーというハーフ芸人とニューヨークの屋敷という芸人。
来る日も来る日も、コンビニでアテを買い家で安酒を飲んだ。
今までの孤独な時間を取り戻すように。
今でこそ2人共よく飯を食わしてもらったなんて言ってくれるが、
本当に金なんてなかった。カッコつけてただけ。
袋麺はTV台の下に本を並べるように1列に置いていた。
こんな部分は後輩に見せたくなくて恥ずかしくてボロカーテンで隠していた。

仕事はちょこちょこいただいていたが、飯は食えなかった。
今だから言えるが、万引きしようかなーと思った事もある。
バスにはねられて国からお金もらおうかな、とか。
でも、貧しいながらもこいつらとしゃべっていると楽しくて
いつもよりワードのキレが増す感じがした。
2人共センスがあるので、次々とボケても面白くする様は

まるでボール球さえもパシッと音が鳴る捕り方でストライクにする
ドラフト1位のキャッチャーに見えた。

REAL / 43

家の前の公園に桜が咲いてた頃だった。
玄関を出て階段を下りると右側にある
銀色で少し錆《さ》びたポストに手を入れた。
封筒が入っていた。携帯代の督促状かな。

嫁からの離婚届だった。

別れたくなくて、4回くらい無視していた。
いや、戻ってきそうな気がしていた。
でもさすがに4回目はまずいと思った。
何もできない自分。
罪悪感と失望にかられ、名前を書いて送った。

地面に落ちている花びらは、
何枚拾えば満開の桜の木に修復できるのだろうか。
仕事もそんなにないのに偉そうにカッコつけて後輩と飲む。
やっぱり俺は駄目な人間だと否定してみた。
行き着いた答えは、
ＴＶが家にあるからＴＶに出たいと思うし
チャンネルがあるから誰かに嫉妬して
狂いそうになるのではないか？
久保田なりにそう考えた。
悪の根源はこのＴＶだと思い、
家にあるビール瓶で画面を叩き割った。
やはり躊躇《ちゅうちょ》があって。ヒビだけ入った。
あの有名な画家ゴッホは、
自画像を描く時に自分の耳がいらないと思い耳を切ったらしい。
俺は自分の出るＴＶの画面をビール瓶で割る。
偉人と似たような理由を無理やりつけても正当には到底足りない。
もっと理由がいるのに勝手に正当化していただけかもしれない。

多くの凡人は絶望を刻まない。
自分に才能がなく、力がないと認めたくないから言い逃れをする。
今までの奮闘や頑張りを無駄にしたくないから。
諦めないのが正解だと己を錯覚させる。
それを夢の隠蔽工作《ドーピング》と呼ぶそうです。
大好きなサッカーコーチ・絵《え》心《ご》甚八《じんぱち》が言うてたのを思い出した。

REAL／44

しかし、そんな時に限って仕事が入ったりする。
勿論、樅野さんからだ。
生かされていると思いながらまた冷静になる。
明日になれば、冷静さを失いまた同じ事を繰り返すループ。

北池袋には3年くらい住んだ。
この街の天気は1年を通して曇りが多かった気がした。
あとは、近くに銭湯があった。優しそうな顔をしていた店主は
『ちびまる子ちゃん』のおばあちゃんくらいおっとりして

のんびりとした性格だったが、声を聞いた事はなかった。
ただ1つ難点は、お湯が熱すぎて入れない。
屋敷もアントニーもいつもシャワーだけ浴びていた。
風呂壁に鯉《こい》の絵が描かれているのだが、熱で鯉の絵がはがれていた。
俺らはそこを地獄風呂と言っていた。
一度、我慢できなくなって、風呂横の蛇口を勝手に捻り水を入れた事があった。
お会計の時に店主のおばあさんが舌打ちしたのを覚えている。
そんなに嫌だったのか……。
それから、後輩に「今日なにしてる？」って聞くと
「お風呂は入ったんですけど空いてます」と返信が来るようになった。
そんな毎日だった。どんな毎日だよ。

でも、悪い事ばかりではない。
Ｔｗｉｔｔｅｒ（現Ｘ）のＤＭで、俺みたいな奴に
「応援してます。本当に頑張ってください」とか
ポジティブな言葉が届くこともあった。
勿論アカウント不明の方からだが、もう少し頑張ろうと思えた。

そうこうしてたら、いよいよ、2015年のM－1が始まった。

REAL / 45

2015年のM－1は順調すぎるくらいに順調だった。
年間ステージ数は優に300を超えていた。
その効果もあり覚醒していたのかもしれない。
人の早口がスローモーションで聞こえるし、
人格を生贄《いけにえ》にして笑いと交換する悪魔の所業は強かった。
受け入れられないならアドリブで毒付く。
毒は量ではなく、濃度と質。
ストリートだけで培った瞬間のワンフレーズが
漫才のフレームに飛び込んでくる。もはや鬼に金棒だった。
俺には確証があった。
ランナーズハイ（継続的な運動によって引き起こされる一時的な多幸感であり、喜び、深い満足感、
高揚感、ウェルビーイングといったポジティブ感情を経験する状態の事）のように
芸人ズハイみたいなスポットに入る時があるのだ。

あれは、遡る事10年前。
大阪の劇場で、雨上がり決死隊さんとほんこんさんがゲストで来て
面白い芸人を発掘するというネタ番組があった。
その日の為に来る日も来る日も楽屋にこもり
頭皮を毟るくらい頭を抱えネタを仕上げたその前日の夜に
「お前いくつやねん」という言葉だけが残る夢を見た事があった。
寝起きも最高に気持ちよく頭もギンギンに冴えていた。
自分でも不思議だが、明日それを聞かれたらどう返そうか考えていた。
次の日の収録で、当時イケイケの笑い飯さんと勝負させられたのだが、
ポッと出の名前も知られていない俺らが見事に勝った。

怪奇はここからだ。ネタ終わりに審査員のほんこんさんが、
「久保田お前気持ち悪いねん。お前いくつやねん」
と聞いてきた。
とっさに、右手の小指と薬指、
左手の親指と人差し指と中指を出して
「23です」って返した。

場内は爆笑だった。自分でも鳥肌が立った。
ストイックの先に未来が予知できる能力に触れた。
今大会はそれと同じ感覚だった。

REAL／46

M－1は準決勝まで来た。
ここだ。ここなんだ。ここしかないんだ。
M－1が俺を縛りつけた。M－1が俺を殺し続けた。
でもM－1が人生と仲間を変えるって信じていた。
トントン拍子に準決勝。あと1つあと1つ。
ネタの手応えはあった。そして発表……。
呼ばれない。報われない。情けない。動けない……。
9大会連続敗者復活戦へ。
審査員を憎んでる。
審査員を憎んでる。
審査員を憎んでる。
後に知った。敗者復活戦出場がギネス記録らしい。

率直にやかましわと思った。こちとら傷だらけのギプス記録だよ。

ここまで来ると、決勝進出者発表後に酒飲み行って憂さ晴らししたりとか悔しくて泣いたりとかしないいんですよ。

俺みたいな負のレジェンドは知ってるんですよ。

そんなもの何の意味もないと負け続けた体が覚えてるんですよ。

じゃあ何するのって疑問に思うでしょう？

家に直帰するんですよ。

まず情緒を落ち着かせる為に、電気もつけないいんですよ。

ＹｏｕＴｕｂｅの「自律神経にやさしいクラシック　愛の周波数５２８ｈｚ」って聞いた事もないタイトルの音楽を爆音でかけるんですよ。

ゆっくりタバコに火をつけるんですよ。

嘘みたいに、吸い終わるタイミングで曲が終わるんですよ。

その後、空っぽになった体に感情を入れる為に動画を見るんですよ。

エロいやつを見るんですよ。狂ったようにシコるんですよ。

そして死んだように寝るんですよ。もう、人の最期なんですよ。

もう死ぬかもしれないから遺伝子を外に出して遺す。命ある者の終着。

クラシックかけてタバコ吸ってシコって寝て、夢見るんですよ。

人の終わりなんですよ。人の終わりって儚いんですよ。
人の夢が破れる。人の夢と書いて儚いって読むんですよ。
1しか出ないサイコロをあと何回振ればいいんだろう。
でもいつか振ってきたサイコロの目の倍の数字が出るんだって……。

次の朝、またTwitterのDMに
「ネットトニュースで知りました。まだ終わってないよね。敗者復活戦頑張ってね」
この前と同じアカウントの奴。
タイミングも悪いし、人の気も知らんと糞が。
間違いなく目の前にいたら罵倒してるわ。
1組だけ勝ち上がる敗者復活戦がある。
でももう、自信ないわ。もう疲れた。
辞めようかな。辞めてチンピラになろうかな。
いや、キンピラになろうかな。

REAL / 47

敗者復活戦当日。電話が鳴る。

「もしもし」

聞いた声だ。

「兄貴、近くに引っ越してきたんでよろしくお願いします」

キャプテン★ザコだった。

久保田「おいどんなタイミングだよ」

ザコ「敗者復活戦ですよね。全員ぶち殺してやりましょう」

まだ言うてた。

REAL / 48

気温13度の屋外ステージ・六本木ヒルズアリーナで
生放送視聴者投票。極寒。北風強し。天気は曇り。
出番は中盤。カメラ位置は正面と右と左。
ステージに吹く風向きを考えた声量。3秒以内の摑み。
出番時間は夕方。TVに映るので動き多めで印象に残す。
2人の背後からせり上がりで西日がかかる。そうなると客席は眩しく
演者が見えなくなりM－1パンフレットで日を遮りながら見る。
マイナス展開も考察した掛け合いが妥当。

敗者復活戦の極秘説明書は出続けて学んだ。

いよいよ出番。

「はいどうもー」

敗者復活戦常連に客席から大きい拍手と歓声。

ここで勝てないと死ねない。心配ない今年は違うぞ。

俺には負け続けて得たGoogleよりも絶対的なデータが莫大《ばくだい》にある。

もう死ぬわけにはいかないんだよ。

真横にはファイナリストだけが入れる決勝の舞台、テレビ朝日。

近くて遠い、残されたファイナリストの枠はたった1つ。

無事に全組終了。

間違いない。馬鹿ウケ。

ONE PIECEのルフィくらいの強さを見せた。

REAL / 49

LINEが鳴る。

M-1決勝メンバーの同期、スーパーマラドーナ武智《たけち》からだった。

武智「久保田さん敗者復活戦見てました！　間違いなく1位です。安心してください。では、お待ちしております」

久保田「嗚呼《ああ》、間違いない！」

楽屋でも色んな芸人に「決勝のネタあるんですか？」なんて聞かれたりした。

何よりもＴｗｉｔｔｅｒのトレンドでとろサーモンが1位だった。

ニタニタが止まらない。

もう、終わりにしたいんだ。戦争はもう終わりだ。

結果発表の時間がきた。10位から発表される。
もう、寒さなんて感じないし、
脳のドーパミンは屋上から飛び降りるのも平気なくらい
脳汁が耳穴から勢いよく出そうだ。
水道の蛇口を全開に回してホースの先端を摘んで
膨らんだ時に一気に放す時くらい噴射しそうだった。

画面に映る視聴者投票。
10位から9位、8位、7、6、5……
生きてる生きてるぞ。
横には死んでいったM－1戦士が次々と崩れ落ちている。
わかるわかるわかるよ。
俺はそれを9回やってきたんだよ。
お前らの看板全部背負ってやるから任せとけ。
4位、3位……
キターーーーーー！
心臓の音、進行方向、聞かせろ、ビートの音量！
上がる、上げろ、上がれ、気温上昇、今夜、日本の首領！
覚えとけこれが久保田じゃ、看板はとろサーモン。舐めんなよ。
残されたのは
トレンディエンジェル
とろサーモン
舞台中央の2組だった。
間違いない。あと少し時間が経てば俺はヒーローになる。

ヒーローは遅れてやってくる。ゆっくり時間が流れる。
俗に言う車にはねられる瞬間みたいなやつだ。
聞こえる声がゆっくり、それはもうゆっくりゆっくり耳に入る。

スタジオにいるMC今田さんの声。
残り1枠は……。

REAL / 51

トレンディエンジェル！
ちゃんとはねられた。
9大会連続の敗者復活戦負け。もう笑うやろ。
トレンドに上がったのにトレンディになれない。
また、死んで、エンジェル。
糞糞糞糞糞糞糞糞糞糞糞糞糞糞糞糞糞糞糞糞糞。
敗者復活戦次点。これも3回目。また審査員が視聴者。

そしてこの年の優勝はトレンディエンジェル。

トレンディの優勝が決まる瞬間を
敗者復活で負けた奴は楽屋でみんなで見る。

それが終わると悪魔の行事が始まる。

敗者復活戦で負けた漫才師が全員出演して今日の感想を言っていくのだ。

まるで、死んだ奴の墓を掘り起こしてMCがマイクを向けいじり倒し
死体を食べながら笑うみたいな行事が執り行われる。

シンプルに思いの丈を喉が潰れるくらい叫んでやった。

「何年連続ここで殺されてんねん！　皮肉にもエントリー番号が753。七、五、三、何がめでたいねん！」

どよめくくらい爆笑が聞こえた。あとでマネージャーに聞いたら
この日のどの漫才師よりも会場で一番ウケたみたいだ。

うるせえよ馬鹿。金にもならん名誉にもならんそんなお笑いクソだわて。

楽屋に戻り着替え終わったのだが、楽屋から出たくなかった。

寝たきりの彼氏のお見舞いに来た彼女みたいに、
ずっと横にいる芸人がいた。さらば青春の光の森田だった。

こいつ、心が綺麗で人の気持ちがわかる本物なんだなって。

ただ、当時の彼の口は台所の三角コーナーくらい汚かった。

chapter 03

当時はM－1戦士として、マニフェストみたいにいつも思っている事があった。
全国視聴者投票ってなんだろうか？
こんな生き様を殴り書いた文面や吐き出す言葉が視聴者にわかるのかって思う。
何故嫌か。家族のチャンネル権を子供が持つ。
見た事ある芸人に入れたりする。
地方の方も知らない奴には入れない。
タレントが選挙に出たら通りやすいのと同じ。
知ってる人に入れる。仕方ない事だが……。
これをやると、会場で馬鹿ウケしても
名前が知られていない芸人は不利になるんです。
この大会って、無名でもおもろい奴が勝ち上がって
人生変えて天下獲るんでしょって！
日本人特有のただ見た事あるから安心とか名前知ってるからとか
面白いと思ったけどあえて冒険をせずに無難な方を選ぶ保守的投票なんか糞当然。
50人の凡人と1人の天才がいるとしよう。
50人は天才に敵わないのに、この国は人数の多い馬鹿の意見が通る。
見事に日本の政治がそうだろ。政治は民意を反映させる。

敗者復活戦。無名な奴は廃者かよ。

馬鹿が。悲しいよ。帰ろう……。


エゴサすると「お疲れ様でした」とか「惜しかったね」とか。

聞き飽きてもういいよ、と思った。

ん？　また、ＤＭ。この前の謎のアカウントだ。

「お疲れ様でした。たぶん神様に試され続けてるんですよ。いずれ結果は出ると思います。良い方向で」

この日だけは、初めて、こいつええ事言うなと思った。

にしても誰だよ。

次の日、吉本の偉いさんに、来年駄目なら
この世界辞めますって言いに行った。
優しさに満ちた、当たり前の、思ってた通りの返答だった。
そんなんどうでもよかった。俺なりのケジメだ。

慟哭の冠

chapter 04

REAL52〜80

REAL / 52

chapter 04

俺の漫才の先生でもある笑い飯の哲夫さんにお金を借りて
北池袋から新宿に引っ越した。
「金はいつでもええから、頑張ってくれ」
その言葉はラストイヤーまで漫才に奮闘してくれ
というメッセージだと理解した。
過去最低のボロボロのマンション。
階段で15階まである。違法マンションに間違いない。
もう寝られたらいい。それだけ。
環境は人を変えるという言葉の意味は理解しているのだが、
自分は何とみっともない人間なのでしょうか。
毎日のように歌舞伎町に出て、知り合いに奢《おご》ってもろたり
人の金で昼過ぎまで飲んでいた。人のタバコも山ほど吸った。
ひどい時は路上で寝たりした。もうどうでもよくなっていた。
俺はピタカゲでもありチンピラにもなっていた。
ピタカゲ、チンピラ。

M－1も終わり、すぐに正月がやってきた。

REAL／53

2016年が始まった。
売れない奴30組が出る新春お笑いイベントに呼ばれた。
銭にもならん芸歴だけ重ねた人間の漫才を誰が見るねんという気持ちと
会社の「せめて漫才くらいはさせたるわ感」が気に入らなくて
わざと大遅刻して行った。
客もいない生配信で、芸人の前で不貞腐れて漫才をした。
エンディングでMCに「何で久保田遅刻すんねん」と言われたので
「こんなもん金にもならんし、中古品の集いなんて来たくないんですわ！」
と言うた。まあまあみんな引いていた。
MCが「ほんならお前がこいつらに金やれや」と言うたので
「やるわボケ」と言うて、MA－1のポケットに入っていたジャリ銭をばら撒いた。
誰も取りに来るわけないと思ったが、
水玉れっぷう隊のケンさんが「ありがとう」と言うて
折り畳みの座椅子くらい腰曲げて拾って全部持って帰った。

REAL / 54

上を見てもキリがないけど、下を見てもキリがない事を学んだ。

そしてボロ家に帰った。

お風呂は水を溜めてガススイッチをガチャガチャ捻って
「ボッ」と言うて熱くさせるやつ。

リビングの窓は全部閉まらず少しだけ開いている。

ビー玉を転がせば、ここ坂なの？ってくらい転がる。

おまけに階段で7階。最高だろ？

そんな寝ぐらに帰り酒を飲みＴＶをつける。

この時期のやさぐれ度合いは人生においてもピーク。

1人で画面を見てツッコんでいる。

「どこもかしこもアホんだらのタレントがあけましておめでとうございますって、あけましてはええけど、おめでとうは人によるやろ。こちとら酒で暖とってエビみたく丸くなって寝るだけの奴におめでとうとかないねん。おめでとうってなんやねん。あけまして言うけどあけたからなんやねん。あけてもあけてもハズレくじ。祭りのテキヤのくじか！」

独り言が長すぎる奴になっていた。

慟哭の冠

久しぶりに弟の子供に会いに行ってみるかと思い、自転車を走らせた。
俺からしたら可愛い姪《めい》っ子になる。なんか買って行ってあげるか。
一丁前にこの頃はカードを持っていた。
凄いでしょう？　カードと言うてもデビットカード。
銀行の預金から払えるカードで
キャッシュバック特典も付いているとの事だったのだが、
どこへ行けどもキャッシュバックの７００円が使えない。
ホームページで確認した。度肝を抜かれた。
国内で使えるのは１店舗のみ。函館《はこだて》の活イカの釣り堀店。
ここへ行くシチュエーションっていつなんだろうか……。

苛立ちを熱量にペダルを全力で漕《こ》ぐ。
毎年、正月は弟の子供に会いに行く。
一番下の娘が４歳だったかな。最近、言葉を覚えたらしい。
「パパ」「ママ」「ごめんなさい」「おいしいね」
基本この４単語で生活を回しているみたい。
偶然にも、弟夫婦に用があり、留守番を担当できる事に。

ゴールデンのMCを任されるくらい嬉しい。
4歳の娘と二人っきりになった。
早く笑顔が見たくて、紙にクレヨンでアンパンマンの絵を描いてあげた。
描いている途中、何故なんだ。何故かずっと俺の頭を蹴ってくる。
力はないもののレスラーばりにかかとで何発も何発も……。
蹴りながら笑ってる。ずっと笑ってる。
これならアンパンチ一発くらった方がいいと思いながら俺は絵を描いていた。
「ひよちゃん、蹴ったら駄目よー」と怒った。大きめの声で怒った。
急に耳に嚙み付いてきた。
やめなさいと言ってもマイク・タイソンばりに嚙んでくる。
あまりの痛さに、両腕を握り静止させ、謝りなさいと言うた。
それでも嚙んでくる。Netflixの人を襲うゾンビ映画を思い出した。
「やめなさい。こういう時はなんて言うの？」
「おいしいね、おいしいね」
子供ゾンビやん。一瞬、耳食われたんかと思った。
急用ができて、弟夫婦にLINEで

「ごめん、用事ができたから先に帰る」と伝えた。
「ありがとう、もうすぐ家に着きます」との事。
リビングから玄関を見つめるひよちゃん。
「また、遊びに来るからね。何か欲しいものはあるかい？」と聞いた。
何も言わずニコリと笑い照れていた。
ひよちゃんに「おいで」と言ったら走ってきて
ジャンプして俺の胸に飛び込んできた。
ぎゅっと抱きしめてあげた、その瞬間だった。
先程と同じ痛み。また耳を噛んでいる。
「痛い！」思わず大声を出してしまった。
「何回言えばわかるの！」
スーパーで、お菓子コーナーから動かない子供を
人目も憚《はばか》らず声を荒らげる主婦のように怒った。
すると「おいしいね、おいしいね」と言われた。
もう、耳を削ぎ落として玄関に置いて帰ろうかなと思った。

chapter 04

REAL / 55

世間に受け入れられない自分の感性や、
人様如きの評価にクソ嫌気がさす毎日。
この頃はたぶんアルコール依存症くらい飲んでいたと思う。
いつだったかな。一度も行った事のない店に冒険してみた事があった。
新宿２丁目のＢＡＲだったと思う。
そこで気づけばベロベロになって、
目の前に座っているＤカップの女と恋愛について話し続けていた。
顔がラテン系でスペインくらい濃くて、
眉毛も九州の人くらい太かったのを覚えている。
意気投合して下ネタの話になり、２人共欲情した。
もう引くぐらい酒を飲んで記憶も薄らだった。
その時、その子が突然、可愛い顔してるねと言い、
俺の顎をつかみキスをしてきた。濃厚なキス。
もう我慢できない。外に出て一発決めようと決心した。
次行こうよと誘うと「ごめん。また今度の方が嬉しい」と言われた。

千鳥足で店を出ると、エレベーターでその子に名刺を渡された。
「また今度来てください」
外の明かりがその子を射す。
は？　全身が固まった！
単刀直入に言う。説明が足りないかもしれないが言う。
ニューハーフだった。
豊胸して顔にメスを入れまくり下の工事はしていない
39歳くらいのニューハーフの男だった。
年明け一発目のキスは男……。
子供の頃、財布を落として祭りのあとに朝まで1人で捜していた。
急に雨が降ってきて、どしゃぶりの中で、道脇の溝に
金だけ抜かれて空っぽになった財布を見つけた時の悲しさがよみがえった。

家に帰り、熱湯に浸かり、こんな1日はなかったと言い聞かせた。
弟の子供と遊んだだけだったと。その後は家に居てずっとTVを見ていましたと。
誰に話すわけでもないのに、自分に言い聞かせていた。

REAL / 56

毎日のように歌舞伎町に出て朝とか昼とかまで飲んだ。
お店で喧嘩《けんか》もした。めちゃくちゃだった。
知り合いが沢山できて、５００円しかなくても何軒もハシゴできた。
みんな知り合いになり、俺に過剰に優しくしてくれた。
その当時、あまりに歌舞伎町に出没するから芸人界隈《かいわい》で噂が立った。
久保田が歌舞伎町のど真ん中の風俗店に住んでいる。
面白いから否定はしなかった。
過去最悪に治安は悪かった。
売人、ギャング、詐欺師、ヤクザ、虎のお面を被った自転車男……。
ガチャで言う悪魔系のＨＰ高い奴ばかり。
そんな奴らを毎日見ていたらメンタルも強くなった。
体験が自信になり、それをネタにも落とし込めていた。
ただ、毎日が楽しいというよりは無駄に時間を潰していた感覚。
あとは、いつ死んでもいいと思っていたからな……。

REAL / 57

ある夜だった。ＢＡＲでカラオケをしていたら、
半グレみたいな奴が絡んできた。ヘラヘラしながら
「お前芸人だろ？　おっパブのマイクパフォーマンスやってくれや」

なんだこいつ。まあいい。これもお笑いに昇華すればいいんだろ？

今に見とけ。Ｍ－１優勝したら手のひら返す奴らめって
心で思いながら言うてやった。

「だったら金持ってこいよ。俺はそれで飯食ってんだよ」

そいつが眉間にシワを寄せピキッと眉が上がった。

後ろの舎弟みたいな奴が「偉そうだなお前」

すると、そいつが言う。「いくらだよ？」

もうどうなってもいいと思っていたから「１００万くれよ」

そいつは言うた。「いい度胸してんな。マスターチェックで」

帰るんかい。脅し？　そんなもん痛くも痒《かゆ》くもねえと思っていた。

そいつらが店を出た瞬間、マスターが来て
「久保田さん帰ってください。あいつら本当にヤバいんで」

久保田「何者？」
マスター「……」
久保田「じゃあ、これ飲んだら帰るわ」
数分後、
そいつらが複数人で戻ってきた。
漫画でしか見た事がない、書道箱くらいのジュラルミンケースを持っていた。
そいつがケースを開けて薄ら笑いを浮かべながら言うてきた。
「ほら100万だよ。やれよ。これやっからよ！」
心の中で思っていた。こんなどこぞの汚ねえ金いらねえわ。
昔経験してんだよこんなの。はっきり言うてやった。
「こんな大金もらえるかい！　70くれや。100は多いから70くれや」
そいつらは爆笑していた。
色々あって仲良くなってその店のお会計3万2000円を払ってやった。
もう笑えればなんでもよかった。
それっきり会う事はなかったが、何年後かに噂で聞いた。全員死んだらしい。

スキンヘッドで頭に鶴のタトゥーを入れた詐欺師もいた。

そいつは俺にビットコインを勧めてきた。

金色で真ん中にBと書いたビットコインを10枚出してきた。

「これ何ですか？」

「ビットコインって言うんですよ」

当時、今ほど有名ではないビットコインに投資する案件だった。

「聞いた事はあるんですけど……」

「このコインがビットコインって言いまして、ここから値段が上がるので今が買いです」

意外に純朴な久保田少年は信じた。

「ビットコインってこれの事なんですね。1枚いくらですか？」

「2万です。これが来年5万になります」

「えーー」

緊急で人から金を借りて20万払った。

「久保田さん、このコインがあればもう吉本を辞めても大丈夫ですよ」

「やかましわ！」


次の日、ルミネtheよしもとで後輩に自慢した。

そうしたら、ニューヨークの屋敷が大笑いして
「兄さんこれ、Amazonで売ってますよ」
久保田「え？」
屋敷「500円ですよ。ビットコインのおもちゃです」
久保田「ビットコインのおもちゃって何？」
屋敷「パーティーグッズみたいなもんですよ」
久保田「そうなの？」
屋敷「仮想通貨やから現実通貨なわけないですよ」
後の祭りだった。そいつに連絡しても出ない。騙《だま》された。

＃なかがき

歌舞伎町で色んな人間と会った。

その中でも物凄くインパクトのある人間がいた。

ハゲ頭だけど本物の大金持ち。自称ユダヤ系の外国人だけど日本語をペラペラしゃべる奴。そいつの言葉だ。

「人に金を貸せば敵を1人作る。僕は揉《も》めたくない、円満が好きだ」

俺は思った。お前も金がなくなれば軋轢《あつれき》が生まれ、

俺と同じく人様に金を借りるんだろうと。
自分だけ地獄にいると思いたくないから、
世界トップレベルの金持ちさえも一瞬で自分と同類にした。
本当にあの街は、沢山の物語と人間を見せてくれる街だった。

REAL / 59

歌舞伎町の某交差点の入り組んだ路地裏に、
店の名前は伏せるが全ての酒が一杯60円の店もあった。
安い店なのに無駄にだだっぴろい店内。
天井からは提灯アンコウみたいなレトロな電球がぶら下がってる。
その下には現場の作業事務所にありそうな長机。
客層は汚れた作業服を着たおじさんや
夢を諦め会社のマリオネットになったような人。
目は死んでるがしゃべってる内容が狂っている若者。
ここお前の実家なのかというくらいに店に馴染んだじじい。
３００円出せば見た事ないくらいでかいししゃもが出てくるが、
卵は全然入っていなかった。

かと思えば、20代の若い奴が俺と相席になり一杯酒を飲んでトイレに行こうとしたら膝から崩れ落ちて倒れた。

その時に理解した。あれは酒やなくてヒ素だ。

ここに来る奴は全員ブラックリストに載っていて何者かに金をかけられて死んでいくシステムなんだって。

その店にはそれ以来行っていない。

REAL / 60

天気の良い夏の昼間に、歌舞伎町をふらふら歩いていた。後方からすごい音が聞こえた。振り返らなければよかった。飛び降り自殺だ。マンションからの飛び降り。

当時この街の出来事は、暗黙の了解でニュースにもならない事が多かった気がする。目撃情報などから事件性はないと判断され、亡くなった背景はほとんど調べられていなかったはずだ。

歌舞伎町では飛び降りが後を絶たない。その多くが若い女だ。ある2棟のビルで起きた飛び降りは、未遂も含めてその年だけで7件と聞いた。

街の人々は「呪いのビル」と呼んでいた。

かと思えば、居場所がない自分に優しくしてくれるホストクラブに通う者。
そのホストに金を払う為に体を売る者。
夏休み真っただ中の歌舞伎町では、そんな若者が転々と生活していた気がする。
生きるか死ぬか。やるかやられるか。売るか売られるか。
戦場で闇堕ちした命は報われない。勝者しか救われない。
聞き飽きたサイレンの音。届かない弱者の声。類は友を呼ぶ歌舞伎町。

サラリーマンがチンピラに殴られているのに、警察は無視して素通りしていた。
昔の芸能界のように、圧力や組織背景が窺えた。
地獄東京最終章の洗礼はまるで、毎日が誰も幸せではない映画を観てるみたいだった。
心の奥にいるもう１人の久保田が言っている。
人を笑顔にさせる仕事が、下を向いて生きてる人間にどれだけ希望をもたらすのか。
目に映るものが偶然ではないのなら、これが必然と思う時も来るのだろうか。

REAL / 61

後輩芸人と行きつけのＢＡＲに行った。
マスターは貧しい時から今も仲良くしてくれるおじさんだ。

大量の塩をかけたポップコーンを出してくれて、いつも安くしてくれた恩人だ。
偶然、その店に来ていた女が超有名タレントだった。
ホストを3人くらい携え飲むわ絡むわ。
俺達はその女に絡まれた。「おい芸人！　芸人！」
無視していたら、大酒乱で顔に酒をかけられたり、ホストが暴れ出したりした。
でも、その時一緒に居た喧嘩の強い芸人、TのSが解決して守ってくれた。
ありがとう天竺鼠《てんじくねずみ》の瀬下。
そしてなんの悪戯なのか、何日か後にその女タレントと仕事が入った。
さらに恐ろしいのは、前日にその仕事はバラシになった事だ。
あの事を言われると思ったんだろうな。
地獄に落ちればいいのにって、普通に思えた。

REAL / 62

そうかと思えば、歌舞伎町で知り合った女に相談があると言われ店まで行った。
話を聞いたら、芸人に大金を貸したが返ってこないから助けてくれとの事。
その後輩芸人を呼び出してBARで話をしたがまとまらず、
最後は女が発狂して「お前ら待っとけ。知り合い呼んだから」

嫌な予感は的中した。見るからに、の奴らが現れた。
これだけは流石に俺もまずいと思った。その後輩をトイレに呼んで
「なんかあったら俺の合図で逃げるぞ」と約束した。
そこから話し合いをするが、相手の男は途中途中で怖いフレーズを入れてきて
金をよこせみたいな事を言っている。あきらかに理不尽な金額だった。
でも、こいつがちゃんと縁を切れるならと思い、
この前もろた金もあるし出したるかと思った直後、男の胸ポケットが光った。
iPhoneで全部録画されていた。
これはまずいと思い、俺は「すいません外で電話してきます」と言って店を出た。
後輩にLINEを打った。「あと10分経ったら出て来い」
後輩が出てきた瞬間に逃げた。
エレベーターで1階につき扉が開いたら
複数人の男が後輩の名前を呼んでこちらに向かってきた。
「分かれて逃げるぞ！」
右と左に分かれて逃げた。
あの時のスピードはウサイン・ボルトくらい速かった。
でも、また神様が俺に悪戯をする。

振り返ったら全員が俺を追いかけていた。

なんでいつもこうなんねん！

焼肉屋とキャバクラの間に細くて暗い隙間があった。

ここしかない、頼む！

嘘みたいにシンデレラフィットした。

漫画みたいな話だが、そいつらは俺の挟まっている隙間に見向きもせず駆け足で過ぎ去って行った。

これが『逃走中』だったらいいのにと少し思った。

あいつらを撒いた。いや、ん？　待てよ。

後輩がいない。急いで電話をした。

「おいどこや？　大丈夫かおい！」

「兄さんこそ大丈夫ですか？　全員そっち行きましたよ」

「お前どこおんねん」

「今、うどん屋の路地裏の細いところに体を横にして挟まって隠れてます」

不覚にも笑ってしまった。

「俺もや！」

２人で笑いながら、そのあと落ち合って話をした。

「こんな事、誰にも言えねえな」

「そうですね」

「もう、俺が中堅になって本を出す時に初めて言うわ」

「そうしましょう」

その後、ちゃんとお金は返したみたいだ。


あの頃は楽しかったなサンキュー。

＃なかがき

俺が『逃走中』でいつも自首に成功するのは、
こういう背景があるからかもしれない。

REAL / 63

２０１６年の５月くらいだった。
前年にＭ－１で優勝したトレンディエンジェルのイベントに
ゲストとしてとろサーモンが呼ばれた。
聞くところによると、１２００キャパ即完売。もう売れっ子。

2人共、金玉を下から見たような頭の形なのに、
割れんばかりの黄色い声。
客席には2人の顔写真をうちわに貼ったファンがずらり（今は全員いないと思う）。
久保田は冷静だった。これは危険信号だなと。
黄色い歓声&勢いがある=勢いのある水と雨はいずれ止む。
ハゲたおじさん2人でトレンディとエンジェル。そんなわけない。
売れると理屈に合わない計算式が沢山生まれる。
まぁ、でも、あの敗者復活戦で負けた人間を呼んでくれた
トレンディの心意気に敬意しかなかった。
だが、それ以上に笑いと毛はなかったのだが。

REAL / 64

この年で駄目なら、本当に辞めていたと思うし、
自分のどこかで漫才への熱量を高めないと終わると思っていた。
でも、ある事が火をつけた。
2016年。記憶をたどると、
この頃からスカチャンみやという人間とボランティア活動を始めた。

新宿の広場に行き、炊き出しを作りホームレスの方に配布する作業。
徳を積まないと。積まないから、あんなギリギリで負けるんだ。
僅かな点数の差は、街に落ちているゴミを拾いちゃんと捨てることで埋まる。
そんな積み重ねがいつの日か、賞レースの1点や1票に関わってくるんだろうと。

この年のM－1優勝は銀シャリだった。
圧巻だった。

REAL / 65

2017年、M－1ラストイヤー。
キングオブコント2017は、かまいたちが優勝した。
濱家《はまいえ》なんてこの世界に入ってからずっと舎弟みたいに可愛がって
大阪の時はずっと俺の家に寝泊まりしていた人間だ。
毎日お笑いの話とエロい話しかしていない関係だ。
そいつがてっぺんを獲った。弟が天下統一した。
俺は兄貴だ。俺は何してんだよ……。
俺の方が地獄を見ているのに……神様よ……。

胸を締め付けられる思いと喜びが混合して、
よくわからない気持ちになってAVを見た。

いや、見る事でキラキラ輝く後輩の勇姿を忘れたかったのかもしれない。

心の奥にいるもう1人の久保田の声が聞こえた。

「お前は環境のせいにして周りを責める事で自己肯定感を高め、自分のが正しいと思いたいだけ。必死に生きていない。大人なんて本当はいないのだから逃げずに頭抱えて考えて自分変えてネタつくれ。お前も歌舞伎町に闇落ちすんぞ」

今年最後……。M－1は芸歴上、今年で終わり。

首つりの紐《ひも》に手をかけないといけないのか。まだ死にたくねえ。

生かしてくれ。決勝に行かしてくれ。

REAL / 66

そして、今年M－1で結果が出なかったら恐らく最後のライブになるだろう
2017年単独ライブ「May everybody be happy!」を開催。
皆が幸せになりますように。
ここまで負け続けると、悔しさとか嫉妬よりも
弱者のくせにここまで生かしてもらえた事に敬意と感謝が生まれる。

応援してきてくれた全ての者へのリスペクトも込めた、そんなタイトルにした。
怒りや悲しみ、苦しみ、恨み節という毒々しい芸風に僅かばかり、
あったかいというか生温い人間の優しさが出てきている気もした。
最初で最後の全国ツアーライブ。
俺達からすると、覚えておいてくれ。とろサーモンと言うんだ。
今年でM－1最後なんだ。15年芸人やって色々あったけど楽しかったよ。
この大会で駄目なら先立つ不幸をお許しくださいありがとう。
そんな気持ちなんだよ。でも何でライブやるかって？
まだ死んじゃいねえぜって。
息してる分、生きられる生き残れる決勝まで残れる優勝して芸能界に残れる。
可能性の残り１パーを信じて、それくらい今までの15年、
自分がお笑いにかけてきたメンタルを全部伝えるつもりでやった。
悩んでる人、戦ってる人、死にたい人、
似たような境遇の人全てに今だから言える事もある。

＃なかがき

なるべく自分だけが不幸だと思わないでほしい。

例えば、道で転げて膝を擦りむいた人の痛みと
道で事故に遭って骨折した人の痛みと
大切な人が亡くなった心の痛みは全部違う。
傷は浅い人から深い人までいるわけで、人生はこの連続で、
道で転げて擦りむいて泣いてる人を、
骨折してる人が見たら俺のが痛いやろって思うわけで。
本当はみんな傷ついたりしたくないけどそうもいかないんですよ。
試されて生かされているんです。
苦しんだり泣いたり傷の数が多ければ
人の痛みを沢山わかる人間にもなれるし、強くもなる。
たぶん、俺は俺以上に苦しんでる人を見ながらまだましだと、
少しだけ自分を鼓舞し続けてきたのかもしれない。
マイナスからマイナスではなくマイナスの状態から
ほんの少しだけでもメンタルをプラスにできる心の広さを
僅かでも確保する事も大切です。
でも、幾度とない痛みや苦しみを乗り越えれば乗り越えるほど、
その人の生き方には深みが出てくる。深みが出ると余裕さえ生まれる。

たかがそんな傷ぐらいで、みたいな。
そんな経験は先々、自分のバックボーンになり今度は、人に伝えられる。
伝えられるというのは、自分が過去に経験した痛みや悲しみや
同じ境遇を持つ人や友達や後輩や自分の子供に、
乗り越えられるんだというアドバイスができる。
そして一歩踏み出す勇気を与えてあげられるかもしれない。

そんな人生が分厚い苦労人に人は寄っていくのでしょうね。
楽して生きているだけのペラペラな人には寄らないでしょう。
なるべく、自分の悩みなんて、小さな種みたいなものと思うくらいがいいですよ。
ここまで読んだ方。もうわかるでしょう?
その悩みの種から芽がでるんですよ。
種の数だけ花が咲く。種は土の中で暗くても我慢する。
心配ないです。
やがて土から出た芽は太陽に光をもらい、花が咲き、誰かを魅了する。
だからだから、悩みの種は沢山あっていいんですよ。
その種を腐らすも生かすも自分次第です。

まだいいですよ皆さんは。土の中の種で。

俺は浜風に晒された砂利の中の種ですから。

芽が出ても頭に石が載っているんですから。

大事なのはそんな石さえ貫通させる意志ですよ。

REAL / 67

２０１７年の全国ツアーで各地を回り、
これでもかというくらいに漫才をやり筋肉をつけていった。

ツアー最終の東京公演の時だった。

ライブが終わり楽屋で水分補給をしていると、マネージャーからこんな話を聞いた。

「久保田さん、ライブ終演後にグッズ売り場で、２人でお揃《そろ》いの革靴を履いた小汚い若者が、とろサーモン漫才台本を封筒からお金を出して折半で買っていったみたいです」

「そうなんだ。若手かな？」

「互いにスーツケースを持っていたらしいです」

「たぶんどこぞの漫才師だろう」

金がないから舞台用の靴さえも私靴にしてるんだろう。

封筒という事はお金をおろして買っていったのか？

バイトの給料で見に来て買っていったのだろうか？
昨今、ＹｏｕＴｕｂｅに走りがちな若手が
文字を見て勉強する律儀さに胸を打たれた。
何年後かにあの時の〇〇ですって、仕事できたらええよな。
小銭稼ぎで簡単に動画撮影もいいが、原点は漫才師。
結果も出ていない先輩漫才師のイベントに来て
学ぶ事なんてないかもしれないのになけなしのバイトの金で
勉強しに来たんだと思うと目頭が熱くなった。
Ｍ－１最後の年にかけた、辞めるかもしれない奴を、
まだこの世界に入りたての若手が勉強に来る。
舞台のスポットライトに当たる２人の漫才師を、
街灯もない路地裏の風来坊が見に来る。
心配ない。俺たちもまだ目的のスポットライトには収まっていない。
君達と同じ路地裏の野良犬よ。だからよく吠え噛みついて泣くんだよ。

REAL / 68

誰かがＭ－１はスポーツだと言った。

ふざけるな。殺し合いのデスマッチだろ。
誰かがM－1は夢しかないと言った。
ふざけるな。頂点より下は無名の墓場だわ。
誰かがM－1は練習量だと言った。
ふざけるな。死ぬ手前の致死量だよ。
これで終わりなんだよ。
最後の大会で最後の舞台かもしれないんだよ。
頑張ってきた芸歴15年の自分を否定したくないから、
面白い漫才師の気分で居させてくれてもいいじゃないか。
10大会連続敗者復活戦の平行線。もうM－1の常連だ。
いつも行くラーメン屋のカウンターにいるおじさんみたいな感じだ。
そう思いながら、いつものように
2回戦、
3回戦、
準々決勝。
そして、いつもの壁が目の前に。

REAL / 69

明日、準決勝だというのに。

皆、今頃劇場でネタを試しているというのに。

なんという事だろう。笑いの女神は最後まで性格が悪い。

沖縄で企業営業。客は20人にも満たない。

しかも、社員立食パーティーでの漫才。

M－1のネタを試しても響くわけがない。

客は皆、オードブルを食べながら談笑して酒を飲み聞く気もない。

全員の頭に角が生えてるように見えた。

悪魔会合だ……。なんだ、悪魔会合って。


舞台袖でモジモジしていたら、次の出番だったほっしゃん。さんが「明日のネタやるだけやってみたらええやん」って言うてくれた。

嬉しかった。吹っ切れてやってみた。

なんという事だろう。先人の教えは聞くべきだ！

不思議なもんだな。全員死んでんのかっていうくらいクスリともしなかった。

客の目つきだけは、昨日入ってきた少年院の若者くらい尖《とが》っていた。
仕方ない。言い訳ではないがお笑いは場所が命だったりするのだ。
ただ、このほっしゃん。さんの助言は大きかった。感謝しかない。
このネタは、M－1仕様の、車で言うならランボルギーニの鬼カスタムだ。
こういう営業は、軽ワゴンN－BOX。
安定速度でみんなが乗れるファミリースタイル。

そして、沖縄で1泊して東京に戻る。
明日、準決勝か。
1つだけ気になる事があり、台本を頭で読み直す。
やはり、ボケの部品が足りないのだ。
あと1つ、あと1つ。おもろいやつをかませば勝てる。
あと1つで、200キロ出るランボルギーニが完成する。
降りてこい、おもしろボケ頼む。
そう思い目を瞑《つぶ》る。
沖縄。芸歴15年。
時に会社からの戦力外通告もあった。

こんな芸風だから迫害もされた。
でも走り続けた15年の感覚と腕で負ける気はしない。
心の奥の久保田の声が聞こえる。
恐らく常軌を逸するくらい、人の倍の経験値と修羅場。
目に見えない体中に刻まれたデジタルタトゥー。
脳細胞から巡る何百万の毛細血管はまるで
樹齢100年の木の根が土の中を駆け巡るように。
1文字も妥協しないお前はモンスターに召喚されたんだ。大丈夫だ。
大勝負だ。さあ行ってこい。M－1の出囃子《でばやし》が聞こえる。

REAL / 70

沖縄から羽田に着いた。
家に戻り窓から入る隙間風を浴びながらリビングに座る。
準決勝の入り時間ギリギリまで頭を抱えた。
頼む、ボケよ降りてこい……。

未だに鮮明に覚えている。

ＴＶをつけると、力士の日馬富士《はるまふじ》が後輩に暴力を振るったというニュースだらけだった。

こんなもん流すなやと思った。今の俺になんの意味もない。

その瞬間だった。

背中から体全体が身震いした。

探していた部品が物凄い音でハマった気がした。

漫才の後半に、相方に頭を強く叩かれたあとの返しで
「やめてくれ、日馬富士か！」というくだりを入れる。

このワードが、この日の最大パワーワードになるとは予想もしなかった。


準決勝の会場に向かう前に、筋として母親に初めてＬＩＮＥをした。

「今まで好きな事をさせてくれてありがとう。これで駄目なら、仕事考えるかも」

すぐに返答がきた。

「心配ないよ。駄目でも良くてもあなたはずっと馬鹿やってるよ」

ありがたかった。

何年経っただろう。

Ｍ－１優勝したくて。毎日毎月毎年。

毎日、無い道、迷い道。

15年目。あとはない。

まもなくゴングが鳴る。待っとけ。

俺がM－1に弄ばれた本当の漫才ギャングだ。

REAL／71

出番前、相方に伝えた。

「もう間違えてもいいし好きなようにしてくれ。今日が最後で、もしかしたら今日がスタートなのかもしれんから」

そうしたら、こう言われた。

「悔いなく笑顔で終わらせてやるわ」

初めて胸がキュンとした。あいつも辞めようと思っていたみたいだ。


ネタは馬鹿ウケした。もう緊張もしなかった。

アスリートはあれをゾーンと言うんだろうな。

ネタは昨日の沖縄とほぼ変わらない。

そして、何より、日馬富士のくだりで劇場が揺れるくらいウケた。

日馬富士さんありがとうございました。
ありがとうございましたも違うか。
泥まみれの最高の漫才ができた。
悔いはなし。報われた報われた報われたんだ。
これで落ちていたら無慈悲に何人もの人を傷つけただろう。
よく耐えたし、負けには意味があった。
この世界に入り、12月なんて毎年毎度
戦争くらい辛い月でいい思い出なんて1つもなく、
嫌いな季節を聞かれれば冬とすぐに答える。
でも冬は必ず春となる。

REAL / 72

結果発表……。
爆音の心臓……。
そしてついに、
とろサーモンのエントリーナンバーが呼ばれた。

走馬灯のように駆け巡る漫才師としての苦悩。
嬉しすぎて相方に抱き着こうとしたが拒否された。
結果が信じられなかったんだろうし、
久保田が胸に飛び込んでくるという状況が
恐ろしく不安だったのだろう。
何年も俺らを陰で応援してくれていた
M－1の偉いさんであるABCの辻さんが涙をためて
「おめでとう、とろ。好き放題暴れてきて」と言ってくれた。
涙がこぼれないように顔をくしゃくしゃにして
「はい……」しか言えなかった。

その後は雑誌取材や決勝の宣材写真の撮影などでバタバタしたが、
ようやく深夜3時に終わった。
誰にも言うてないが、トイレに行って男泣きした……。
死んでない死んでない。
生き延びた生きている生かされている息をしている。
行くんだ。今からあの戦場に。

REAL / 73

何十年も世話になりまくった皆様の魂を背負って。
決勝戦進出！　ラストイヤーで決勝戦初出場！
38歳。優勝したらM－1史上最高年齢（当時）。
敗者復活戦ギネス記録保持者。
こんな物語あるのか。
全ての漫才師に渡された、
芸歴15年までの期限がある15枚のコイン。
ポケットにはラストワンコイン。
レバーを引いてジャックポットが出ないと終わりなのだ。
勝負は一瞬で終わる。
でも4分でスーパースターにもなれる。
その為に身を削り何千という時間を費やしてきた。
頑張ろう。
家に帰りスポンサー提供でいただいた日清のカップ麺を食べた。
この日の美味さは、未だにどのカップ麺も超えてこない。

REAL / 74

そして次の日。またDMが届いていた。

「さっきニュースで知りました。涙出てます。近くで応援してきたけど現実になるとはね。本当に本当におめでとう」

謎のDMだ。初めて返信した。

「誰かわからないですが、ずっと何年も自分の分岐点のタイミングで温かな応援ありがとう」

と返した。返信はなかった。

REAL / 75

決勝当日は、一番先に楽屋に入った。

一番に楽屋に入った人間が優勝するという都市伝説みたいな話を先人に聞いたからだ。

続々とM－1戦士がやってくる。

顔色の悪い奴、馬鹿なテンションになっている奴、一言もしゃべらない奴。

どちらかというと自分は、まるで零戦《ゼロせん》に乗っているような覚悟しかなかった。

相方が楽屋に入ってきた。

嘘だろ。もう緊張してるやん、という出来事が起きた。
俺に敬語なんて使った事もないのに、
軽く会釈して「おはようございます」
こいつ死ぬなと思った。
そのマインドがすぐに俺に伝染してテンパって
「こんにちはやろ」って変なツッコミをしてもうた。
本番が怖くて仕方なかった。

REAL / 76

時計の針は18時半。まもなく始まる。
ただその開始の合図は、処刑台の針の時刻でもあり、
1組しか生き残れない地獄のスタートでもある。
和牛は必ず、旅館のネタを
もっと仕上げて本番に持ってくると踏んでいた。
和牛を倒さなければ勝機はない。

他のコンビが漫才をしている時は、

スタジオの溜まり場でみんなで見ながら待つ。
人間の最後みたいに追い込まれた集団が、
雁首《がんくび》揃えてライバルのネタを瞬きもせず見ている。
えずきや体臭で、ナマモノを捨てて5日くらい経つゴミ箱の臭いがした。
でも、それぞれがいつもより大きく見えた。

REAL / 77

去年のあの日から秘策を立てていたんだ。
和牛より先に同じ設定のネタを出せば、向こうは出しづらくなる。
あとは運。順番決めは、この年から採用された笑《え》神《み》籤《くじ》。
司会者が筒の中から引いた棒にコンビ名が書いてある。
出番は和牛より先。よし、運が味方をしている。
二択の賭けにまず勝利した。
俺らは旅館ネタをぶつけた。
和牛はやはりネタを変えてきた。
それでもさすが実力者だ。
ちゃんと笑いを掻っ攫《さら》い残った。

決勝3組は

ミキ

和牛

とろサーモン

ネタは石焼き芋。

東京に来て実際にやった仕事を漫才に落とし込む久保田スタイル。

淡々と不貞腐れて猛毒でボケる。相方もいつもより乗っていた。

ウケすぎてツッコミの言葉数も増えたから、漫才中に小さな声で

「もうええもうええ追うな」と言うた。

俺は、時間尺さえも頭に入っているくらい余裕があった。

なんでそんなに余裕があるのか？

もし、明日死ぬと言われれば、今日ある事全てに腹括るだろ。

自信と手応えあり。恐ろしいくらい余裕があった。

客席の可愛い子が見えるくらいに。

そして3組の漫才が終了した。
正直、心の中で「俺たちに入れない奴全員ぶち殺すからな」と思っていた。
結果発表。M－1グランプリ2017の王者に輝くのは……。

和牛
とろサーモン
とろサーモン
とろサーモン
とろサーモン
和牛
和牛

接戦の末、和牛3票、とろサーモン4票。
日本一になった……（書きながら涙が出ている）。
走馬灯のように、倍速でよぎる今までの苦労。全部が繫がった。
優勝したんだ。俺、優勝したんだ。日本一だって……。
宮崎の田舎者が友達と大阪行って東京さ来て、

ボロボロになって馬鹿にされてこき使われて、
失ったものは多すぎて毎日暗くて辛かったけど、
そんな2人を眩しすぎるスポットライトが照らしている。
辞めようなんて何回も何回も思ったよ。
不思議なもんで、優勝したのに、涙すら出ない。悲しいもんだ。
もう、ここまで泣きすぎて、悔しくて、痛めつけられて、
後ろ指差されてきた人生だったから、涙なんて1ミリも残ってなくて。
沢山の立派な大人達が握手を求めてきたんだ。
ABCの辻さんが何も語らず、笑顔でゆっくり頷《うなず》き強く握手をしてくれた。
めちゃくちゃめちゃくちゃ泣いてはった。

戦いは終わった。もう、出なくていいし、考えなくていい。15年の戦いは終わった。
M−1とは、泥だらけになりながらもひたむきに誠実に
面白い事を考え続けた奴が評価される大会なんだ。
ここまで、楽しい事もあったし、辛くて死にたくて泣いた事もあった。
でも、この2つが揃わないと優勝できないんだ。
晴れた日には木の枝が伸びて、雨の日には根が伸びる。

大きい大きい木になる。意味のない日なんてないんだ。

REAL／78

楽屋に戻り、ｉＰｈｏｎｅを見た。
ＬＩＮＥは５００件を超えていて見る暇もなかった。
Ｔｗｉｔｔｅｒではトレンド入り。
エゴサしたら「とろサーモン」だらけ。
全ては繋がるんだな。
１日で、全国民のトレンディになりエンジェルになった。
色々あったけど、人はみんな、つまずいてこけた事より
立ち上がろうとしている事に感心をするんだろうなって思った。

そして、漫才師日本一の称号より衝撃的な事があった。
ＴｗｉｔｔｅｒのＤＭもパンパンだったが、ふと気になるアカウント。
またあの子だ。
毎度毎度、俺のターニングポイントでメッセージをくれる謎の人間。

「優勝おめでとう。涙で前が見えないです。遠い存在になっていく事が悲しいですが私にも夢を見せてくれてありがとうね。私が見る目なかったかもね。◯◯より」


嘘だろ……。

嘘だ。驚愕《きょうがく》と共に嗚咽が、また戻ってきた。

バットで頭を殴られたような感じだった。

前の嫁さんだった……。

ここに至るまで、毎度毎度、ＴｗｉｔｔｅｒでＤＭをくれていたのは嫁だった。

離婚した嫁だった。西東京の田無で離れて、一度も会う事もしゃべる事もなく、ＬＩＮＥもブロックされ電話も拒否されていたのに。

残っているはずがない涙が、ホロホロと……。

どのタイミングで涙出てんだよ……。

REAL / 79

マネージャーが急に楽屋に来た。

「このあとの仕事の件で……え、久保田さんも泣く事あるんですか？」

久保田「いや、前の嫁……」

マネージャー「え？　何の話ですか？」
久保田「あ、あ、前の嫁も喜んでるやろな」
マネージャー「勿論ですよ」
なんとか誤魔化した。
しかし、時間は残酷だ。
目を赤くしてエレベーターで会見場へ。
瞬く間に、優勝記者会見が始まった。
スーパースターの記者会見ばりのカメラ数。
その間、マネージャーは別室に行く。
そこには各局の番組スタッフが何十人と集まり
とろサーモンのスケジュールを次々に落としていく。
中央卸売市場のセリとなんら変わらない。
スケジュールは瞬く間に真っ白から真っ黒に。
もう、半年分の仕事が決まった。
会見場は、見た事ない数のマスコミのカメラとフラッシュ。
泥に浸かり這《は》い上がった芸人に全国民が拍手をくれたんだ。

REAL / 80

沢山の質疑応答があり終了。
楽屋に戻り、急いで嫁にＤＭを……。
嘘だろ。もうアカウントは存在しなかった。
ただ本当に応援してくれていた。あの日から今に至るまで。
一度も向こうから連絡はないし俺からは連絡できない。
ただ感謝しかなくて。あと少し待ってくれていたら……。
もしもあの時、心に余裕があれば、辛い思いさせなかったのに……。
好きな人の為に生きられなかった。ごめんなさいごめんなさい。
十字架に懺悔《ざんげ》する気持ちだった。

心の奥にいる久保田の声が聞こえた。
人は時に傷つき傷つけ合う。その瞬間は感情だけだ。
突っ走るから痛みはない。でも必ずブーメランで返ってくる。
人間だから仕方ない。
大事なのは、同じ過ちを繰り返す事より、新しい自分になる事。

慟哭の冠

昨日と同じ景色ではない明日がある事。
人は人を変えられないなら自分が変わるしかない。
その時には、人に優しくできるのだろう。
そうやってここまで来ただろう。
日本一の漫才師になってまた、みんなの優しさに気づけた。
そして勝てた。優しい人が勝てるのかな。
優しさに気づける人が勝てるのかな。
優しさをもらえなかったから勝てたのかな。
優しいに勝つと書いて「優勝」だもんな……。

思い立ったが吉日

chapter 05

REAL81～101

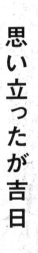

REAL / 81

たった4分。いや、されど4分。
この日までの地獄の時間を凝縮した4分で人生が変わった。
Ｙａｈｏｏ！トップニュース。新聞は一面。
新幹線は普通からグリーン。飛行機もビジネス。
楽屋も大楽屋から個室の特別待遇。
ギャラも怖いくらい跳ね上がった。
故郷・宮崎に銅像もできた。
地元空港には「とろサーモン　漫才師日本一おめでとう」の垂れ幕も。
見向きもしなかった人間が、
両手を添えて握手して「おめでとうございます」の毎日。
服は布で檜《ひのき》の棒の旅人みたいだった奴が今じゃ全身ブランド。
昔履いてたボロボロのオールスター。
今じゃオールスターの仲間入り。
まさに、異世界転生の気分。
手のひら返したように次々と人が頭を下げてくる。

人間の露骨な移り変わりを目に焼き付けた。

REAL / 82

でも、いい事ばかりではない。
嫌な声も入ってくる。
大阪の番組出演のためタクシーで移動中。
M－1審査員をしていた関西の重鎮の方のラジオが流れてきた。
楽しく聴いていた。
色々しゃべってはったが俺の耳に残ったのはこのフレーズだけ。
「私は完全に和牛でした」
武士の一分にかけてこの者といずれ斬り合うのだろうと武者震いがした。

心の奥の久保田の声が聞こえた。
知らない他人や応援もしてなかった人間共は
目に見える素晴らしき輝きや美しさに目を奪われる。
日常では感じられない幸福指数高めのものを見て凄いと思いたい。
パーティー会場では一際目立つ黄金のドレスを着ている人しか見てなくて、

黄金のドレスを着るまでの過程なんて見てないし知らない。
それは瞬間の波動で目を奪われただけで心までは奪われていない。
何故ならその者達にも同じような人生があり、
夢は叶わなかったが努力したというプライドがあるからだろう。
ただ俺はあんたらが寝て夢を見ている間、目を開けて現実の夢を
転げて倒れても爪でコンクリートを引っ掻きながら
前に向かい血まみれで追いかけたんだ。

REAL / 83

とは言え喜んでくれる先輩も沢山いた。
中川家の剛さんはご家族で見られていたみたいだが、
とろサーモンの最終決戦の時はもう緊張と不安で見ていられず、
家の庭でタバコを吸っていたらしい。
ガラスの向こうのリビングから歓声が聞こえて、
そこでやっと部屋に戻ったみたいだ。
困った時に本当に沢山言葉をかけてくれた方だ。

樅野さんは焼き鳥屋で見ていたらしく、
優勝の瞬間は興奮しすぎて椅子から転げ落ちたらしい。
転げ落ちる俺の人生にベットし続けた偉大なる守護神である。

ニューヨーク屋敷、さらば森田、相席山添の3人からはお祝い動画が届いた。
テンションが高くて爆音のクラブでしゃべるくらいの声量で
「おめでとうございます！」とは言うてたけど
3人同時にしゃべって何を言うてるのかわからなかったし
大学生みたいなノリだったので返信しなかった。
でもご存じの通り、あの頃大学生みたいだった奴らも、
素晴らしき才能で今、おもしろ芸人に変身しているではないか。

優勝した日、全ての収録が終わり時間があったので、
かまいたち濱家と約束していた六本木で抱き合ってじゃれあって飲み潰れた。
そして外に出て、店前に捨てられていた
大量の汚いゴミ袋をクッション代わりに飛び込んだりもしたし
先輩なのにおどけてみせたりもした。

心の奥の久保田が言うている。
優勝して忙しくなったからもうこんな事もできないのかな、寂しいな。

未来の久保田が言うている。
心配ないよ、落ち着け久保田！
濱家が忙しくなって、本当にそんな事できねえから。

REAL / 84

あまりに忙しくなり、ホテルに何泊かしてから家に帰った。
マンションの扉の前にお菓子とかジュースが大量に置かれていた。
手紙もあった。ずっと応援してました。これからも頑張ってください。
家族で見てました。嬉しくて泣きそうです。など。
たぶん顔バレしていたからマンションの住人だろう。
どう見ても事故現場のお供え物みたいだったから凄く嫌だった。
鍵を一度もかけた事がないから、色んな奴が出入りしたんだろうな。
どうして鍵を開けていたのかよく聞かれるのだが、理由は１つ。

思い立ったが吉日

泥棒が入ったらＹａｈｏｏ！ニュースに載って有名になれるから。
あと、盗まれるもんなんて何一つなかったから。
でもそんな事、もうしなくていいんだ。
有名になったから。売れたから。
糞樽の中に首まで浸かり助けを求めていたあの頃が懐かしい。

女の子にも凄く声をかけてもらった。
中には、自ら俺に上納してくる子もいた。
でも俺は我慢した。にしても本当にモテた。
チン◯◯あと２つないと間に合わんやろってくらい。
昔、コンパで１００戦連敗だったあの頃が懐かしい。
毎日ＤＭは女の子でパンパン。我慢。我慢。
女の子にうつつを抜かそうと思えば抜かせたのかもしれない。
でも、この嘘みたいな幸せが、欲を出し過ぎると急に消えそうで怖くてやめた。
漫才の次に大切な俺のチン◯◯は表に顔を出して
はいどーもーよろしくお願いしますーとはならなかった。
ツッコミどころ満載だったのに。

実は誰にも言うてないのだが、優勝して何日か後に
昔、歌舞伎町で1日店長をしてお世話になったセクキャバ店から連絡があった。

(セクキャバとは、女性が裸になり真っ暗な部屋でお客様の上に座りごにょごにょするお店。

本番行為はNG)

どうやら1日だけでいいから、また1日店長をやってくれとの事。

時間が本当になかった。でも、しんどい時に助けてくれたから筋は通したかった。

その日は見た事ないスケジュールだった。

TBS↓フジテレビ2本↓ラジオ↓劇場3本↓セクキャバ↓取材↓セクキャバ
途中で思った。あれ？ 俺、優勝したよな。

勿論この仕事の事は会社に言ってない笑笑笑笑笑笑笑笑笑笑笑笑。

心の奥の久保田が言うている。

した事よりしてもらった事を忘れない。

感謝という気持ちは全人類の生き方とワンセット。

忘れればゲームセットなんだよ。

REAL / 85

噂が流れてきた。あのキャプテン★ザコが、

バルーンアートの大会で日本一になったそうだ。
あいつも何かを求め、できる事を考えて生きたんだろう。
今思えば、あの時2人が唯一手にして今もある共通点は人間力だろうな。
素晴らしいなあ、おめでとう。と思いにふけった。
でも、何回考えても、M－1とは同じじゃないからな、
という自尊心が芽生えた。
なんで、俺と同じタイミングで日本一やねんと思った。

REAL／86

家も引っ越した。新居は新中野のマンションにした。
ギャラも上がったので家賃は20万。
入り口を抜けるとガラス張りで、滝みたいに水が流れているゴージャスな造り。
その上、VIPルームというものがあり、管理人に言えば
そこで打ち合わせをしたり友達を泊めたりできるというのだ。
それだけではない。部屋のベランダからはなんと富士山が見えた。
劇場のある新宿からもTV局からも近い。
東京に来た時は、トラックで競り市に運ばれる豚みたいな通勤だった。

新宿のボロ家は少し傾いていて、
床にビー玉を置いたらピタゴラスイッチくらい転がっていった。
今じゃタクシー使うしクレジットカードなんかも持ったりして。
これがＭ－１特典。夢しかない。

ＴＶで見ていた芸能人とも沢山会った。
とりあえず全番組に「優勝おめでとうウェルカムドリンク」的な感じで１回呼ばれた。
順風満帆。紅白歌合戦に天童よしみさんの後ろで出演もした。夢みたいだった。
いやいや、でも良い事ばかりではない。
人間は両手で欲しいものを握ればそれ以上は持てないから
何かを捨てないといけないのだ。
何が自分に合っているのか、いないのか……。
今、自分に必要なもの、不必要なもの……。

REAL / 87

優勝して半年以上が過ぎた頃。
過酷なスケジュールに、史上最年長優勝おじさんの体は悲鳴を上げていた。

それよりも、野良犬みたいな俺らが行儀の良い番組に出て
室内犬みたいに品良くスタジオにいる事に違和感しかなかった。
行儀良く真面目にやればよかったのか？
そんなルールブックは持ち合わせていない。
自分らしい汚いクズの言葉は使っても全カット。
ウケてたやん。ウケてたのになんでだよ。
日々ストレスが溜まっていた。
自分は行儀良くできる人間なんだと思い込んだ。
方法はあとから見つければいいんだってやり過ごした。
当時のマネージャーは、俺らの仕事が増えすぎて
スケジュールが管理できなくてパンクして担当を外された。
仕事は何十本も飛んだ。番組に行くとスタッフから
マネージャーさんいつも電話が繋がらないんだけど、と何回も言われた。
一難去ってまた一難。それでも次から次に仕事は来る。
土日に漫才20本くらいして月に50本。合間に収録して仕事して。
売れるという事はこういう事なのか。

ＴＶ収録前は、楽屋で相方になるべくしゃべりかけ
仕事の向上を求めて必死に伝えた。
コンビで売れる大切さなんて重々理解している。
だからネタ合わせのように、ここでこう言ってくれとか、
ここでパスしてくれとか。相方はいつも「わかった」としか言わなかった。
優勝後の変化は俺なりのコンビとしてのパッケージ戦略だった。
ただ、こっちが思うほど伝わっていなかったかもしれない。
伝えた事を本番で言ってくれない息苦しさと
その言葉の代用品を瞬時に考えてしゃべるストレスが半端なくて
相方に言うのはやめた。相方の心を摑み取る事はできなかった。
あとで気づいた。汲《く》み取ってあげればよかったのだ。
水は摑めない、掬《すく》うもの、みたいな事だろうか？
気づけばピンで仕事が入り出していた。
優勝してから今、俺の掌には何が残っているのだろうか。
大切なものとは、一体。

この頃から、ストレスと過労で顔面神経痛になった。

やっと手に入れた薔薇《ばら》色の人生。
棘《とげ》が刺さりながらも必死だった。
もうあの頃になんて戻りたくないという恐怖。
山を登る恐怖から転がり落ちる恐怖。
できる事を己がやればいいだけの事だったんだ。

#ながき

自分ができる事をやればいい。
それ以外の事はあとから見つければいいだろう。
全員が自分みたいに振る舞えない。合わせなくていいよ。
自分でできる事を見つけても満足しないのが人間なのだから。
ほら、案の定、優勝してもまだあの頃より頭を抱えてる。
大事なのは人に合わせて時間をマイナスにするより
どちらもできる事をしてプラスにしていく事だろうが。
例えば夫婦関係もそう。できる事をできる方がやればいいんだよ。
円滑に事を運ぶ大切さ。
それをやらないなら家を出るか金を入れるかどっちかにしろって。

こんな事もバツイチになり気づいたりするもんだ。

REAL / 88

母親から電話があった。
週刊誌の記者から家に連絡がきたとの事。
「おたくの息子さんの女性関係について知りたい」と言われたらしい。
そいつはどうやら、俺の地元に片っ端から電話して
久保田家を引き当てたらしい。もう詐欺の常套《じょうとう》手段でしかない。
母親は凄く怯《おび》えた声で「私は大丈夫やから頑張って」と言ってくれた。
それから2日後、劇場終わりに道端で
カメラを回した男と記者が俺に凸してきた。糞雑誌だ。
「なんかお仕事がお忙しくなって、遅刻しまくって迷惑かけてるんですよね？」
根も葉もない事実無根のでっちあげ。
「お前誰やねん。こっちもカメラ回すからなコラ」
と言い合いになり俺も動画を撮った。
こいつらはいつも無許可で撮影して、話をゼロから作った記事で正義ヅラ。
偶然にも、その日の晩、吉本の社長と食事会があり全部話した。

親身になって聞いていただいた。動画も見せた。

みんなが大笑いしてる。なんで？

「久保田くん、これ自撮りになってるよ」

見たら、俺の髭面《ひげづら》で汚ねえ口がパクパク動いているだけ。

音声も入っていなかった。

真っ黒に完成したスケジュールのパズルから
1ピースずつゆっくりなくなっていってる事に気づかず
負けん気だけで進んでいたのだ。
この頃からもうどうでもよくなってきたというか、
ストレスタンクがパンパンになり溢《あふ》れ出してきていた。
そのこぼれる憎しみの排水に溺れ、一気に飲み込まれるなんて。
貫き通してきた意志だけで意地になり、誰も俺の事なんて理解できないんだろって
日々、文句。口も濁り愚痴になり。
笑かして積んできた徳も毒になり、何も楽しくなく。
ただ、唯一の楽しみは、女の子と飲むとか高級な物を身につけるとか
そんなんやなくて、昔から馬鹿みたいに飲んでいた貧乏な後輩と

たまに会って愚痴をこぼしながら飲む酒。
昔より減ったけど、居心地がよくて、嬉しくて楽しくて。
心の奥の久保田が言うている。
どれだけ金持ちになろうが着飾ろうがチヤホヤされようが、
母親が作ったハンバーグはいつでも美味しいように。
大事なのは、変わらない味を楽しめる、
変わらない自分でいる事かもしれない。

REAL / 89

月日が経つのは早いものだ。
新しいチャンピオンが生まれる2018年のM－1の日になった。
霜降り明星、スーパーマラドーナ、トム・ブラウン、
和牛、ギャロップ、見取り図、かまいたち、ゆにばーす、
ミキ、ジャルジャルの10組。
優勝は、霜降り明星。
平成の終わりに平成生まれのチャンピオンが誕生する奇跡。
お笑い界〝新時代〟の到来。いわゆる第七世代ってやつだ。

俺らは前年度覇者として会場でゲストとして見ていた。
霜降りが圧倒的だったのを未だに覚えている。
優勝した瞬間に勝るくらい沸騰した瞬間があった。
この日の敗者復活戦で、名前は言えないがある審査員が、
1組のコンビだけに「私好きやでー頑張って」と番組を通し声をかけた。
いやいや、待てよ。
全員平等に戦う場所で、発言力のある人がそんな事を言ったら
客票が変わるやろって。怒りに震えがとまらなかった。

REAL / 90

その日の夜の事だった。かまいたち濱家と飲む約束をしていた。
呼ばれた場所に行くと、決勝で負けたメンバーがずらり。
和牛水田、スーパーマラドーナ武智、ギャロップ林……。
ほぼ全員が遠足のバスで酔うた子供くらい顔色が悪かった。
かなり酒を飲んでおり、テーブルは海賊の飲んだあとくらい乱雑に散らかっていた。
俺は、去年優勝したあとに濱家が一緒に飲んでくれたので、
景気づけに来たつもりだったのだが、それどころやない雰囲気だった。

自分も急ピッチで酒が入った。負のパワーは恐ろしい。
出る言葉は、全部愚痴。俺も次第に酒と劣悪な敗者の空気にも飲まれ
審査員の悪口をひたすらしゃべっていた。
とんでもない暴言を吐いてしまっていた……。

REAL / 91

翌日の朝、とんでもないくらいの着信数。

一瞬、仕事を遅刻したと思った。

すぐにマネージャーに掛け直した。

「久保田さんとんでもない事になってます」

「え？」

「ご自分でＳＮＳをご覧ください」

すぐに電話を切りＴｗｉｔｔｅｒを見た。

トレンドに「とろサーモン久保田」が入っていた。

馬鹿だから、昨日のＭ−１の客席でのコメントが
面白すぎたから話題になっているのかと思った。

トレンドにある自分の名前をクリックした。

体内の細胞が全て凍りついた。
確実に大きな音で、進んでいた時計の針が逆に戻り出した感じがした。
昨日の飲み会の様子がインスタで生配信されていたみたいで炎上していた。
俺がM－1審査員に暴言を吐いたところだけ切り抜かれていた。

どこをクリックしてもこの動画だらけだった。
当時の感覚だが、リツイートの数はアメリカの大統領が決まった時くらい。
コメントの文字数は世界の人口くらい。
炎上の仕方は世界最大の山火事くらい燃え盛っていた。
瞬く間に、Yahoo!ニュースのトップ。
閲覧数TOP10に7個もこのニュースでランクイン。
たぶん、全盛期のミスチルも、このランクインは無理だろ。
俺達のせいで霜降りのM－1の記事が全くなかった。申し訳ない。
1年前に優勝して一躍ヒーローに躍り出た。
1年後スーパーヒールとして名を馳《は》せた。
ただ、後々、動画にした方が悪いし
久保田は悪くなかったという意見も沢山聞いて

少し救われた。

REAL / 92

毎日が複雑だった。ネットやＴＶでは叩かれるが、
劇場に行きこの一連のくだりを出せば爆笑。
世間からすると、反省のかけらもないと思われるだろう。
でもね、聞いて欲しいんですよ。
俺の仕事は人から笑いを生まないと報酬が出ないんです。
それ以外の方法もあると思われるだろうけど、
今一番鮮度がありウケるものを出す。ただそれだけなんです。
そのぐらいの時期かな、宮崎にある銅像も撤去された。
この件で「消えた銅像」などとニュースにも書かれたし、
溶かされて勾玉くらい小さくされ炎上ペンダントとして売られているとか、
頭、体、腕、足をバラバラにされ宮崎の日向灘《ひゅうがなだ》に沈められたとか言うて笑いにしてきた。
でも、本当の事を言うと銅像はある企業との一年契約だった。
一番腹が立ったのは、コンビで載っていた宮崎の選挙ポスターを剝がされた事。
苦情が多数寄せられたとの事だが、驚愕なのはそのクレームはたったの５件だったらしい。

TVチャンネルが2個しかない街がそこまでするんだな。

自分のした事と現実に起こってる事のギャップに愕然とした。

頂上に行くとそれを憎み妬み引き摺《ず》り下ろす者もいる。

つくづく住み分けは大事だと思った。

REAL / 93

TVの仕事は激減した。

でも、自分の中では無理して着ていた鎧《よろい》が取れた感じがした。

今思えば、これにも感謝している。勿論自分が悪いのだが、
あの件で冷静に自分の好きな仕事だけをしていこうと心から決められたからだ。

大バラエティーには呼ばれるが、ゴールデンや茶の間の皆様が見る番組には呼ばれなかった。

葛藤はただ1つ。これで面白くなくなったとは言われたくない。それだけだった。


とあるネタ番組に呼ばれた。東西で芸人が集い勝負する番組。

溜まり場に山ほど芸人がいた。

ほとんどの奴がパーティーでドレスコード間違えてるよ、みたいな目で見てきた。

ダウンタウン松本さんにも謝罪をしに行った。凄く寛大だった。

「世間がお前に一方的に悪いと言うのは違うからな。これでお前らしくなくなるのが一番違うからな」

偉大なる神の助言は、何気ない一言が宇宙規模くらい壮大で感銘を受けた。

あの日もあの頃も今も未来も、久保田でありたいとあらためて思った。

好きな事は笑かす事、それで飯が食えれば幸せ。

REAL / 94

この頃から、時間にも少し余裕ができたので、
今までしてなかった事をやってみようと思い、釣りにハマっていた。

その時に俺に近寄って丁寧に教えてくれた奴がいた。

丸坊主で薄気味悪く完全に目がイッていた。

本名は知らないが〝ナダル〟という男だった。

ただ見た目から考えられないほど、優しく丁寧にナダル式の釣りを伝授してくれた。

時には釣り竿《ざお》を貸してくれて、一緒にでかい池にブラックバスを釣りに行ったりした。

あとでわかったのだが、バス釣りは陸から釣るのがベターらしいのだが俺は知らなかった。


8月の猛暑日の事だ。何時間も太陽を浴びながら釣りをしていると

暑すぎてたまらなくなり、池の中に太ももくらいまで入り釣りをした。
ナダル「池でそんな釣り方する人、見た事ないですよ。やめてください」
久保田「そうなの？　知らんから教えとけや」
あまり中身のない会話がよかった。
どんどん暑くなる度に俺は勝手に足が前に進み
気づいたら首のところまで浸かりながら釣りをしていた。

ナダル「もうそれは泳いでますやん。やめてくださいって」
久保田「泳いでないねん。もうここまで炎上したら死んでも悔いないねん」
ナダル「死ぬのはええけど釣り竿だけは返してくださいね」
やっぱりナダルだった。
その後、俺たちとは違う岸で釣りをしていた人が、
私服で首まで浸かっている俺の姿を見て、
自殺志願者がいると思い、通報して警察が来た。
釣れる釣れないより、今まで時間に押し殺されそうだったのに、
山奥で緑を見ながら水に浸かり、ゆっくり流れる何も考えない時間が楽しかった。

アクセクした毎日から解放された幸福感が半端なかった。

#なかがき

人生80年？　たった1日でいいから、仕事休んで、
平日の昼間から酒飲んで、タバコ吸って、ギャンブルやって。
負けたら人に金借りて、その金で美味いもん食ってください。
心配ないですよ。たかだか1日の夜飯の金を借りるくらい。
今まで働いてきたんだから屁《へ》でもないでしょう？
これでもかというくらい堕落しましょう。
そして死んだように爆睡してください。
真面目に働いた1日より有意義で、
働きすぎの毎日の中にある1日だから幸せなんですよ。

REAL / 95

これだけ炎上したのに呼んでくれるバラエティー番組に全力投球した。

舞台もいつも以上に回数を増やした。久保田はまだ死なない。まだまだ。

ある番組から「久保田の名前で冠番組をやらせてくれないか」というオファーがあった。

内容はＳＮＳで誹謗《ひぼう》中傷をする人に会いに行き対談するというもの。
勿論オッケーして沢山のネット民と会った。
毎回仕事が終わると、心霊スポットに行ったのかというくらい肩が重く疲れていた。

一番覚えているのは、女性タレントだけを狙い誹謗する35歳のサラリーマン。
何より驚いたのは、世田谷の大きな一軒家で一人暮らし。
誹謗中傷する理由は、小学３年の時に女子に集団リンチをされ無視されていたから。
その報復を女性タレントにすり替えて攻撃してるとの事。その方と対談をした。

久保田「どうして女性タレントだけを誹謗されるのですか？」
サラリーマン「小さい頃にクラスの人気者の女が僕を毎日いじめてたんです。人の目につかないところで誰にもバレないように」
久保田「なんでタレントさんを誹謗するんですか？」
サラリーマン「こいつらみたいな明るい奴が陰で人をいじめてると思って……」
久保田「失礼ですが奥さんはいるのですか？」
サラリーマン「僕に敬意を払わない態度を取ったから離婚しました」
久保田「その敬意とはなんですか？」

サラリーマン「夜飯を作らなかった日があったんです。馬鹿にすんなと思って許せなくて」

歌舞伎町と同じ闇を感じた……。

このような人間が無慈悲にタレントを叩いてると思うと我慢ならなくなり言葉も荒くなった。

久保田「お前が傷ついたからって、接点も何もない知らない人を傷つけていい理由なんてねえんだよ」

サラリーマン「あなたにはわからないでしょう。俺の気持ちなんて」

久保田「俺は女タレントを自分の顔を晒して誹謗したよ。あんたは、コソコソ名前隠して顔隠してバレないようにして、昔いじめられた女の子と同じ事してるやん」

サラリーマン「……謝りに行けという事ですか？」

久保田「そう思うならしたらいいけど、人にした事は因果応報で返ってくるんですよ。この先あんたにも地獄が待ってるとわかるから言うてるんですよ。今からでも遅くないから明るい未来の為にもう誹謗はやめてください。少しだけでも心から笑える場所を探してください」

サラリーマン「そんなところあったらとっくに行ってますよ」

久保田「そうですよね……」

サラリーマン「……」
久保田「僕、芸人やってるんですよ。今度劇場に来てください。招待しますよ。あんたが笑うまでやってみますわ」
サラリーマン「……あ、はい」

少しうつむき下を向いていた。
その後、彼が劇場に来たのかわからなかったのだが、
スタッフに聞いたら自腹で観に来たらしい……。
今は家を売り、田舎で畑仕事をして一生懸命汗を流して生きているとの事。
SNSの世界とは真逆の畑仕事というワードで心まで耕された。

#なかがき

自分がしてきた経験によって人にわかってもらえることとってあるでしょう？
俺も、炎上した事がこのような人助けになり、考えも変わるんだと知った。
昨日も今日も明日もこれからも、失敗にも成功にも無駄なんてないのだ。
読んでくれている方も、ここまでの言葉に共感した部分が少しでもあるなら、
私にはできないって思わないでほしい。

タレントも歌手も俳優も芸人も明るく見えるがみんな同じ人間だから。
「いや、久保田だからここまで生きられるんでしょう」と思うなら、
あなたはその久保田が言うてる事に考えさせられたり共感したりしたから
ここまで読んでくれているのではないですか？
人と比べると自分の心まで人になる。
人と比べるよりも、今の自分と昔の自分とを比べて
何ができているか確認してみてください。
自分のペースで前に前に、ですよ。

REAL / 96

松本人志プレゼンツ「ドキュメンタル シーズン８」に呼ばれた。
松本人志氏によって選ばれたお笑い芸人たちによる、
妥協なしの、究極に自由な〝笑わせ合いバラエティー番組〟だ。
「最後まで笑わなかった者、他者を笑わせてポイントを多く獲得した者が優勝」
というルールのもと、優勝賞金１０００万円を懸けた笑わせ合いバトル。
とんでもない大会なのは間違いない。
ただ、参加費１００万円。どうしようかと迷った。

金がないので、昔から応援してくれている
「歌舞伎町のブラザー」という仲の友達に借りた。
意気込みとしては、あの炎上で俺が消えたと思ってる奴に
久保田は生きていると示したかった。
結果は優勝。１０００万円。
改めて、なんて波瀾《はらん》万丈な人生を歩んでいるのだろうかと思った。

それから数日後、事件は起こった。
スケジュールに「ドキュメンタル」と書いてあった。
？？？　この前終わったのに何だよって思った。
現場に行くと、野性爆弾くっきー！さん、ロバート秋山さん、そして松本さん。
収録がはじまり気づいた。
松本さんが、「まずはこちらをご覧ください」と言うと、
Ａｍａｚｏｎからの手紙が読み上げられた。
２０１９年のクリスマスシーズンに配信予定だったので、
家族で楽しめるコンテンツを提供したかったのだが、
とろサーモン久保田によってあまりにも下品になったので、配信の中止を決定した。

ノーコンテストになった結果、幻の優勝となり、
1000万円はキャリーオーバーされることになった。
正直笑えなかった。
近くにいるスタッフ関係者を死なない程度に殺してやろうと思った。
ルール無用の笑かし合いに、モラル？　コンプラ？　糞喰らえと思った。
そもそもこのコンテンツ自体、どうやって家族で楽しむねん。
俺は今でもこの事件を「キリストの呪い」と呼んでいる。

REAL / 97

その日はタクシーで帰る予定をキャンセルした。
家まで歩いて帰りクタクタになればすぐ寝られるから。
今日の事を考えなくていいだろうって。
その時だった。くっきー！さんが声をかけてくれた。
くっきー！さん「落ち込んどんか？　お前」
久保田「当たり前でしょう」
くっきー！さん「天才がする事は理解してもらわれへんねん。気い落とすな」
久保田「そうですね」

くっきー！さん「タクシーで帰んのか？」
久保田「なんかもう乗りたくもなくて。歩きながら帰って車にはねられたらこの番組もろともなくなるでしょう」
くっきー！さん「笑笑笑笑笑。キ◯ガイかお前は」
久保田「だからお蔵入りなんでしょうね」
くっきー！さん「俺も歩きや。同じ方向やから途中まで一緒に帰るぞ」
久保田「いいんですか」

2人で、結構歩いた。

くっきー！さん「ここ行くぞ」
久保田「え？」
くっきー！さん「ここ行ってお参りして厄落とせ」

目の前には神社があった。赤坂の芸能神社だった。
2人で賽銭箱《さいせんばこ》に金を投げて参拝した。
それが終わると長い石垣の階段を下りていった。その道中だった。

久保田「なんでここに神社あるって知ってるんですか？」
くっきー！さん「前にＴＶで見てん」
久保田「そうなんですね」
くっきー！さん「そういえば、何願ってたんお前」
久保田「もし、次呼ばれて優勝したら２０００万もらえますように」
くっきー！さん「欲どしいなお前は。神様に何言うてくれてんねん。無理じゃ阿呆《あほう》！」
久保田「くっきー！さん何を願ったんですか？」
くっきー！さん「お前が幸せになりますように」
久保田「嘘つけや！」
くっきー！さん「笑笑笑笑」
久保田「なんかでも、気持ちが落ち着きましたわ」
くっきー！さん「よかったやんけ。頑張れよ。ほな」
久保田「え……お疲れした」

くっきー！さんはタクシーを止めて歩いてきた方とは違う逆方向に帰った。
なんやねん、神社に来たかっただけかい！

いや違う……違うぞ。待て！
鳥肌と歓喜と憂いが一気にきた。
あんな売れっ子が神社に来る理由なんてない。ましてあの人が……。
行きたくもないのに、あまりに俺が落ち込んでいて本当に死なれたら困るから、
神社に連れて行って気持ちを落ち着かせてくれたんだろう。
なんで気づけなかったんだろう。
あの人、あんな芸風でどんだけ優しいんだよ……。
目頭が熱くなった。
俺が知る限りの情報だが、くっきー！さんが神社に行ったのは、
現在に至るまでこれが最初で最後みたいだ。

REAL／98

そこから半年後。
俺は「ドキュメンタル シーズン9」に呼ばれた。
前回の金額がキャリーオーバーされ、
優勝賞金はシリーズ史上最高額の２０００万円。

俺は優勝した……。

黒いバッグで２０００万を渡された時、
炎上後からの浮き沈みが、激しい生活が、
走馬灯のように脳を駆け巡り、
メンタルが壊れそうになり涙が出た。

その後、芸人史上初となる、
もらった賞金で千葉テレビの枠を買った。
莫大な金額だった。そこで好きな事をやりまくった。
お金はほとんどなくなった。番組も長くは続かなかった。
そりゃそうだろう。
オリンピックの女子１００メートル走のあとに、
上半身裸でオッ〇イ丸出しの女性が50メートル走、
みたいな事してるんだから。

その後、何でも買うみたいなイメージが定着したのか木更津の方から「畑が1つ余ってるんですけど、買いませんか？」とDMがきた。
「馬鹿野郎、買わないけど2つよこせ」とだけ返した。

REAL / 99

自分の人生を空にたとえると
晴れたり雨が降りだしたり曇りだしたりが
他人の倍以上あって移り変わりが激しいわけだが、
それが嫌いなわけでもなかった。

突然の電話だった。
マネージャーからだった。事務所に来てくれとの事。
打ち合わせの部屋のドアを開けると相方とチーフとマネージャー。
解散するのかなと思った。
このパターンはろくでもない事が多い。前にも書いたが、
「地方住みます芸人にならないか」もこのパターン。
次はなんだよ。優勝してからの住みます芸人か？
話を聞いたら、どうやら相方がお芝居をしたいらしい。約2ヶ月も。

宮崎という街から2人で出て来て、とろサーモンという会社の唯一のルール。
お笑い以外の長期における仕事だけはやめよう。
理由は紛れもなくただ1つ。それはお笑いではないから。残念だった。
どうやら新国立劇場でやるみたいでその良さを熱弁していた。
まるで興味のないブランド服を薦められても心は動かない。
上の空でずっと聞き流した。
話が終わると、最後に闇金で金を借りる契約書みたいな出され方で
分厚い台本を目の前に出された。
シンプルにタイトルが気に入らなかった。
「裏切りの街」
お前の事やないかい！　お前その街の主役だろって。
話し合いの体感は20分。もう好きにしろよって心から思った。

スケジュールにある営業や漫才、
唯一あった2人で出るTVスケジュールもごっそり減った。
じゃあ俺も休みができるから、お笑いではない事するよと思った。
本当はしたくもないが、裏切られたら裏切り返す。

右の頬をぶたれたので左の頬をぶつ気持ちだ。
浮気された女の子が仕返しに
好きでもない男と寝るみたいな事なのかもしれない。
だから好きでもない事をする事にした。
そして、冷静に思っていた。
また来たよ、どん底。
ここまでくるともう得意フィールドかもしれない。
もうどこかでうまく行くに決まってるやんと思ったりもした。

REAL / 100

家に帰り1人缶酎ハイ飲んで、
俺に何ができんだよ……頭をフル回転させた。
閃《ひらめ》く物は全てろくでもない案ばかりだった。
あいつが舞台に出てる時にYouTubeで凸して
新国立劇場を爆破してやろうかとか。
オネエになって新キャラを確立してみようかとか。
ナダルと釣り行こうかとか。

どうでもよくなり不貞腐れていた。


何気にTwitterをピコピコしていた。

最初に目に入った画面で、
麒麟の川島さんが何気なく自分の出る番組をツイートしていた。

忙しいな、川島さんは……ん、ん、川島さん……。

川島さん……んんんんん！

待てよ！　一気に瞳孔が開き光が差した。

そう言えば5、6年前に
「久保田、お前本当にこの世界で駄目になりそうになったら絵を描けば。これ金になるぞ」（103ページ）と言われた。

繋がった。

これだ！　絵を描いて個展をしよう！

俺みたいな人間は人に叩かれる方が多いから、褒められた言葉は全部覚えている。

REAL / 101

思い立ったが吉日。大量のキャンバスと絵の具を購入した。

思い立ったが吉日

絵なんて川島さん家で描いて以来1つも描いてない。

とりあえず素人なりに殴り描いた。来る日も来る日も描いた。

何かの為に描いてるというより、休みで漫才ができない事の埋め合わせ。

絵を描き表現する事が、応援してくれる者へのリスペクトだと思っていた。

約75点を2ヶ月で描き上げた。

その間、たまにTVの収録にも行った。

仕事終わりに楽屋で荷物をまとめ帰ろうとしたら、プロデューサーが来た。

「ちょっと話せる？」

「どうされました？」

「……間違いならごめん。右手首にずっと血がついてるように見えたんだけど、大丈夫？」

「え……」

最悪の事態だ。昨日から絵を描き続けて赤い絵の具がべっとりついていた。

それに気づかず現場に来ていた。

理由を説明して手首を洗って落としてみせた。

自傷行為途中芸人か人殺し芸人と思われてたんだと思った。

個展のタイトルは「なぐりがき」。

大盛況で150点が全部売れた。
あまり個展ではやらない、原画をそのまま売るというのが功を奏したのか。
1枚100万円の絵も売れた。
何より嬉しかったのは、絵を買いに来たおじさんが3点購入して、
店を出たあとにまた戻ってきて、この絵は誰が描いたのですかと聞いてきたこと。
久保田ではなく絵で買っていると思ったら嬉しすぎた。
絵を描く助言をくれた川島さんに感謝しかない。

#なかがき

はじめる事に遅いなんてないです。
人生を振り返ってみて、人に褒められたとか、
もしかしたらあれ行けそうかもとか、
やってみたいと思える事を優先してみてください。
例えば、歌が上手いって言われたとか。
スポーツが上手いと言われたとか。
料理が上手いとか、字が上手いとかなんでもいいですよ。
意外に人に言われた小さな一言が、大きな事に変わったりするもんです。

思い立ったが吉日

自分で気づくか、人に気づかされるか。
気づかず気づかされもせず人に気を遣い生きていくか。
別にプロになれなんて言ってないんですよ。
金稼げるとも言ってないんですよ。
どうか、忙しくアクセクした嫌な毎日ですが、
自分で不可能と卑下せず何かやってみようと動いてみてください。
生活に楽しい時間が入るので、日常の景色も変わりますよ。
だって勿体ないでしょう？　褒めてくれる人は、
今まで見てきた中でも上位だから言ってくれるんですもんね。
どうかここまで読んでくれた読者に幸あれ。

あとがき

最後まで読んでいただきありがとうございました。
色々ありましたが、今は穏やかに、好きな事をできる事に感謝して生きています。
たしかに、人間はみな強欲で、お金も大事やし、いい車に乗りたいし、
家も欲しいし、モテたいし、綺麗になりたい。俺もそうかもしれない。
でも、俺がなるべく大事にしてきたのは、生きがい、存在意義、世界観、
人生観、価値観、思いやり、信念、感謝、感動、癒し、夢、希望など。
たぶんこれらは日常的に意識しなくても生きていけると思います。
でも、読んでもらってわかったと思います。
目に見えるものより、目に見えないものを大事にしてください。
それを貫いた時に、高級なブランド服よりあなたがブランドになり、
沢山の人に愛されて、人の目に映る、魅力的な存在になれると信じています。
最後は宗教的な内容になりましたが、皆様に幸ありますように。

この本が出る頃、俺も一回り大きくなっていたいと思っています。

え？　炎上してる？？

次はなんだよ……馬鹿野郎。

感想は「#慟哭の冠」でお待ちしています。

2025年2月

とろサーモン　久保田かずのぶ

ブックデザイン　菊池　祐
制作協力　吉本興業株式会社

本書は書き下ろしです。

久保田かずのぶ（くぼた　かずのぶ）
1979年９月29日生まれ、宮崎県出身。宮崎日大高校の同級生だった村田秀亮と2002年にお笑いコンビ「とろサーモン」を結成。06年に第27回ABCお笑い新人グランプリ最優秀新人賞、08年に第38回NHK上方漫才コンテスト最優秀賞を受賞。M-1グランプリでは９度の準決勝敗退を経て、ラストイヤーの17年に初めて決勝進出し優勝を果たした。

慟哭《どうこく》の冠《かんむり》

2025年３月21日　初版発行
2025年５月25日　４版発行

著者／久保田《くぼた》かずのぶ

発行者／山下直久

発行／株式会社KADOKAWA
〒102-8177　東京都千代田区富士見2-13-3
電話　0570-002-301（ナビダイヤル）

印刷・製本／株式会社ＤＮＰ出版プロダクツ

●お問い合わせ
https://www.kadokawa.co.jp/（「お問い合わせ」へお進みください）
※内容によっては、お答えできない場合があります。
※サポートは日本国内のみとさせていただきます。
※Japanese text only

定価はカバーに表示してあります。

ISBN 978-4-04-115947-7　C0095